「あの世」の本当のしくみ

人はどこからやってきて、どこに還るのか?

サアラ
池川明

大和出版

はじめに

還るべき場所に還るために

みなさんの多くは、「死後の世界は空の上にある」「現世での行いの善悪によって行く世界が分かれる」といったイメージをおもちだと思います。

しかし、この本で語られるあの世はそれとはかなり違っています。

話はまず「宇宙人とは、地球人とは」というテーマから始まるのです。

あの世についての本なのに、なぜ？と思われるかもしれません。

Saarahat（サアラ）さんの語る内容に、私も最初はとまどいました。

宇宙人のことから始まる理由を申し上げる前に、あらかじめお断りしておきたいことがあります。

この本は宇宙の情報と魂の記憶をもっているサアラさんと、産婦人科医で胎内や前世の記憶について研究してきた私、池川明との対話が元になっています。話の多くは、私の疑問にサアラさんが答えるという形で進んだのですが、読者のみなさんの読みやすさを考えて、本文は、サアラさんが一人称で語る構成にしてあります。

サアラさんの説明は、私を十分に混乱させるものでした。

しかし、聞いていくうちに、あの世のことについて理解するには、「宇宙に存在する魂としての私たち」という視点が欠かせないのだと納得できました。

細かいことは本文を読んでいただきたいのですが、地球を取り巻く宇宙のさまざまな背景があって、今の私たち地球人がいて、私たちにとってのあの世がある、というふうに、順を追って理解していく必要があるのです。

私自身がいわゆる目に見えない世界への関心を深めたのは、自分の仕事を通じて胎内記憶というものに出合ってからです。

赤ちゃんに意識があると思いながらお産に関わるのと、そうでないのとでは、生まれた後の赤ちゃんの様子がまったく違います。お母さんも担当医である私も、そういうつもりでお腹の赤ちゃんに話しかけながら妊娠期間を過ごすと、とても穏やかであまり泣かない子になるのです。また、そうした試みを始めてから、私のクリニックでは出産時のトラブルも激減しました。

さらにその赤ちゃんたちが大きくなると、中には生まれる前のことを憶《おぼ》えていて、いろいろ話してくれる子たちが現れたのです。

「アメリカの飛行機に乗って爆弾を落としていたんだ」

「幼稚園で初めて会ったときから仲良しの○○ちゃんとは、お空の上で一緒に遊んでいたよ」

「他の星からロケットに乗って来た」

「ガラスの扉を開けて空から地球へ来た」

他にもいろいろなパターンがあります。最近は、「自分は宇宙から来た」という子供が明らかに増えています。

胎内記憶に関する講演会を開くようになってからは、1回開催するごとに5~10人ぐらいはそうした記憶のある人たちと出会うようになりました。

こうした体験から、前世やあの世というものにも興味を広げていったわけですが、私自身は特殊な知識や能力をもっているわけではないので、漠然と、あの世は天国が終点なのかなと思っていました。

ところが、インターネットテレビ局ＦＯＴＴＯ ＴＶさんのご縁でサアラさんをご紹介いただき、魂やあの世についてあれこれたずねてみると、驚くような答えが次々と出てきました。

五感で感知できない世界のことを言葉で表現するには限界がありますし、彼女にとって当たり前でリアルなことが、私たちにとっては全然そうでなかったりするので、説明しづらいところもあったと思います。

でも、何を質問しても彼女が答えに詰まるようなことはなく、きちんと筋道を立てて、ときにはユーモアも交えて語ってくれるのです。

もちろんあの世も魂も目に見えない存在ですから、実際にどうなっているのか、生きているうちに自分で確かめるのは無理でしょう。

しかし、いったん既成概念を脇へ置き、虚心にサアラさんの言葉に耳を傾けていると、私自身「そういうことか」「だからこうなのか」と、自分の中でカチッとパズルのピースがはまったような、そんな感覚になることが何度もあったのです。

たとえば、人はなぜ輪廻《りんね》するのか。

これまでは「魂のレベルアップ」や「成長」といった言葉で説明されることが多かったのですが、私からすると、人間はどれだけ輪廻しても成長していないような気がしていました。退行催眠などを受けている人はまわりにたくさんいますが、過去の記憶がさほど人生に役立っている感じがしませんでした。

しかし、サアラさんの「魂のしくみがどうなっていて、何のためにこの世にやってくるのか、輪廻とはどういうものか」という説明を聞いて、「なるほど、それなら矛盾がない」と、納得できたのです。

輪廻とは、実は私たちの魂を包む表面部分を劣化させるものであり、そこから抜けて魂が本来還るべき場所に行かなくてはならないと聞いたときも、以前から抱いていた「人はできるだけ早く輪廻を終わらせたほうがいいのでは？」という感覚の裏づけがとれたような気がしました。

以前、あるお坊さんに、輪廻の輪からはずれるにはどうしたらいいか？とたずねると「無理、なかなかできない」と言われました。でも、最近お会いした別のお坊さんは「そうしようと思っただけでできる」とのこと。

このように解脱《げだつ》に関しては、同じ宗教者でもいろいろな見方があるものの、実は、思うほど難しくないのかもしれないと思い始めていました。

そんなときに、サアラさんから、輪廻も含めたあの世の話を聞くチャンスをいただいたわけです。


特定の宗教とはいっさい関わりがありませんが、この本も、いわば解脱してゆくための本です。

深い意味までわからなくてもいいと思います。

死んだ後でも輪廻から逃れて解脱するのは意外に簡単なこと、でも宗教の影響もあって難しいと思い込まされているのかもしれない、この点に気づくだけでも大きな価値があると思います。

みなさんも、とにかくこの本を読んで見えない世界のことを知ることが、ご自分の魂と向き合う第一歩になると思います。全部はわからなくても、そういう世界観があることを知っていただきたいと思います。

この本が教えてくれることは、私たち自身にとっても、また、あの世へ旅立つ方を見送るのにも、とても大切な情報です。

魂は、私たちがどんなふうに生きることを望んでいるのか。

どんな意識をもってあの世に行けば、還るべき場所に還れるのか。

それらに対する回答も示されています。

天国、地獄、あるいは何もない無の世界……。そういうものがあの世だと考えてきた人にこそこの本を読んでいただき、ご自分の人生、ご自分の幸せを見つめ直していただくきっかけになればと思います。

池川　明

「あの世」の本当のしくみ　目次

第1章　幽界に閉じ込められてきた私たちの魂

第2章

肉体は死んでも魂は死なない

第3章

あの世はどうなっているのか

第4章 輪廻がこんな問題をもたらしている

第5章 なぜ、この世に生まれてきたのか

第6章

幸せになるために、今、私たちがすべきこと

本文デザイン／齋藤知恵子（sacco）
イラスト・図版／瀬川尚志
DTP／青木佐和子

第1章

幽界に閉じ込められてきた私たちの魂

宇宙人も地球人も魂をもっている

「宇宙人」と聞いて、みなさんは何を連想しますか？

映画や漫画などで描かれる、全身ツルツルで頭と目が大きく、ヒョロッとした体形のエイリアンの姿でしょうか？　それとも、タコのような姿の火星人でしょうか？

いずれにしても、宇宙人は私たち地球人とは違う種類の生命体だと思っている人がほとんどではないでしょうか。

でも実際には、地球人も宇宙人の一種です。多種多彩な宇宙人類の中に、地球人類という種があるのです。

では、宇宙人とは何でしょうか？

簡単にいうと、魂をもっているヒューマノイド（ヒト型生命体）のことです。

宇宙に存在するほとんどの知的生命は魂をもちます。魂は意識そのものとして、肉体をもった状態でなくても存在できます。今私たちが地球人の肉体をもって地球人として存在しているのは、地球でしかできない経験を魂が望んだからです。

でももし魂が火星でしかできないことがしたいと思えば、火星人の肉体をもつことになります。

このように、肉体をもつときは、その魂が生きていく場所にふさわしい肉体を使って役目を果たしています。肉体はいわば操り人形のようなものです。

もちろん、地球人は地球に適した人形を使います。

そもそも宇宙には地球人にそっくりな宇宙人がいて、私たち地球人は、その姿をかたどって作られています。つまり、彼らのＤＮＡを素に私たちは作られています。

この地球には、地球人類が発生する前にもさまざまな宇宙人や、その他の地球外生命が飛来してきていました。

エジプトの壁画などを見ても、明らかに地球人ではない存在やＵＦＯやコンピュータが描かれていたりしますが、そういうことからも、「過去には現代よりも科学が発展していた時期はなかった」と断定するには無理があることがわかりますね。

実際、非常に長い間、彼らと地球人が共存していた時代があったのです。

最初は友達のような存在でした。でも、だんだんアグレッシブな種類の宇宙人たちがここに入ってくるようになると、自分たちは姿を現さずに、遠隔で地球人をうまくコントロールするようになりました。

それで、彼らは「神」として、神話や言い伝えの形で記録に残されるようになったのです。

そうなる前は、宇宙人たちと共生共存していて、実際に地球人が宇宙人と結婚して子供を産むといったこともたくさんありました。

彼らは、実は今でも地球のいろいろな所に入り込み、隠れて住んでいます。表向き、宇宙人はいないことになっているだけです。

なぜ彼らは地球にやってきたのか？

私たちの祖先となった地球人類を生み出した宇宙人とは、ニビル星人です。

ニビル星には、地球人と似たような宇宙人がいるのです。

まず、彼らの歴史について少しお話しします。

かつて彼らには、「ここにあるすべては、すべての人のもの」という価値観で生きていた、穏やかな時代がありました。そういう社会では奪い合いも争いも起きません

地球人と宇宙人

人類

宇宙人

（ホモサピエンス）

- シリウス人
- プレアデス人　など

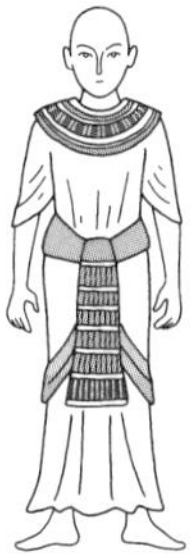

地球人

（ホモサピエンス・サピエンス）

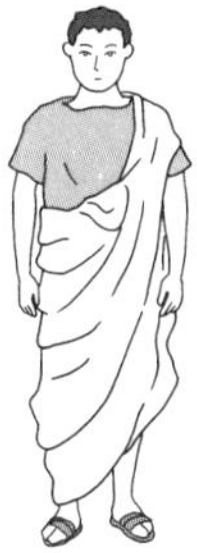

地球外生命（E.T.）

- ドラコニアン
- レプティリアン（爬虫類人型生命体）

し、家に鍵をかける必要もありません。

また、原初のニビル星人たちは酸素呼吸ではなかったようですが、徐々に酸素呼吸をする体に進化していきました。

酸素呼吸をするようになってからの時代には、政治的な不安要素が次々と生まれてきました。そして、他の惑星や文明と同様に、「所有」という概念が入り込んだとたん、いろいろなもののバランスが崩れ、絶え間ない争いや社会不和が起きるようになったのです。

でも実は、魂レベルで見ると、そういうプロセスを経験することも必要です。そのために、すべての宇宙人はそういうアンバランスな状態を作りたくなるのです。

これは元々の魂の性質や、魂が目指しているものと関わってきますが、それについては第2章で詳しくお話しします。

さて、不安定な社会を作ろうとする宇宙人の例に漏れず、ニビル星にも、非常に治安が悪く、リーダーが立っても2ヶ月ほどでクーデターが繰り返されるような時期がありました。環境面でも、大気汚染などで今の地球以上に劣悪になっていました。

しかし、やがて政権を握ったアヌ（アヌンナキ）という名の王様は、非常に優秀でバランスのいい人でした。アヌ王の時代はかなり長く続き、当時非常に困難になっていた飲み水の確保などをはじめ、環境を整備しようということになりました。

それに役立つものとして、金が大量に必要だということがわかったのですが、金がたくさん取れる星、それが地球でした。

それでニビル星人が地球にやってきたといわれています。

こうして地球人は生まれた

とにもかくにも、彼らは地球に生きる道があるのではないかと考えました。本当は移住も考えていました。

実は、この一族は、このとき初めて地球に来たわけではありません。もっと前の時代に地球に来ていて、レムリア文明を作った一員だったのです。レムリア文明は宇宙のいろいろな種が協力し合って作った文明で、レムリア大陸の上に築かれていました。

レムリア大陸にはニビル星の人たちもいましたが、肉体的な適応性があまりなかったため、「エデン」と名づけられた囲いのあるエリアの中だけで生活し、そんなに長くとどまってはいませんでした。当時、彼らは酸素呼吸できない種だったからです。それから長い時を経て、彼らは進化して酸素呼吸ができるようになり、適応性ができたので、再び地球にやってきたわけです。しかし、自転の時間がニビルの自転の時間とあまりに違い、重力も強かったためにうまく適応できませんでした。

彼らは非常に体が大きかったのです。

エジプトで発見された巨人像は、ニビル星人が自分たちの姿を写したものです。

7、8メートルの高さがありますが、自分たちの等身大のサイズですから、作るのも難しくはありませんでした。自動車の車体と同じぐらいの大きさの頭蓋骨も、最近発掘されていますが、7、8メートルの人たちの骸骨はちょうどそのくらいです。

このように、ニビル人たちは体が大きく、地球にあまり適応性が高くないので、自分たちがそこで働くには限界がありました。

そこで、「もう少し適応性の高いボディーをもった生き物を作ろう」ということになって、彼らが作ったのが地球人です。

宇宙で一番優秀な人類を作ろう

その前にも他の種族が来て似たようなことをしましたが、そのとき作られた生き物は原人レベルでした。声帯があまり発達していなくて言語活動ができず、脳も比較的小さく、簡単な道具を使うことはできるものの、道具を駆使する発展的な使い方はできなかったのです。

でも、ニビル人たちはすごく優秀なので、それと同じことはしませんでした。とくにアヌの息子のエア王子は父に似て優秀で、遺伝子工学の分野でも秀でた能力をもっていました。頭脳だけでなく人格のバランスがとれた温和な人でした。社会不安のある環境で育ったことから、自分たちが作ろうとしている生き物がどうあるのが理想かと考えた結果、使う人と使われる人の関係がアンフェアではいけないということで、きちんとした判断力をもった生命体を作ることにしたのです。

自分たちの最善最良なる遺伝子と、原人たちのもっている地球に適応性の高い遺伝子を組み合わせて、「宇宙で最も優秀な存在を作ろう」と最終的には思うようになったのです。

それまでの間には、何度も試みてことごとく失敗しています。

最初は、よく働いてもらうために強い生命体にしようとしました。ストレスに敏感だと強くならないので、感覚器の機能を極力控えめにしました。そうすれば免疫力が上がると思ったのです。

ところが、我々が生命としてここに存在する理由はたったひとつ、好奇心です（これについても第3章でお話しします）。そのため、感覚器の機能が控えめだと、つまり感性が鈍いと、好奇心はもてないというジレンマを抱えることになりました。好奇心が生命力の源なので、ある程度の感性と好奇心をもたせて、しかも生命力を強くするというバランスをとるのがものすごく難しく、苦労したようです。

そのプロセスで、エアはマザーアース（地球）にコンタクトをとりました。惑星は生きていて意志をもっているからです。そのときにマザーアースに言われたのが、「誰かのために隷属するような、霊的な尊厳をもたない存在を、これ以上ここに作らないでほしい」ということです。「本当の意味でここの住民になれる美しくて優秀な人間がほしい」とリクエストされたのです。

ホモサピエンス・サピエンスの誕生！

このような新しい人類を作ることに、王子も好奇心がわきました。そこで180度考え方を変えて、世界で一番美しく優秀な人類を作ってみようとトライし始めたら、成功したのです。それがホモサピエンス・サピエンスと呼ばれている私たち地球人類です。

ですから、地球人ほど感性が鋭く、複雑な感情をもつ人類はいません。人の悩みをまるで自分のことのように感じ取ることは、他の宇宙人はあまりしません。彼らも共感はしますが、感情に引きずられることはないのです。

他の宇宙人は、地球人とは違った非常に鋭い感性をもっていますが、地球人のようにドラマを追いかけたりしないし、失敗に対してドキドキしたり、ハラハラしたり、映画のような悲劇的なカタルシスを求めることもありません。

宇宙人の娯楽は、好奇心を満たすことです。

宇宙人もどんどん可能性を追求しますが、たとえ失敗しても、そのことをくよくよ

ホモサピエンス・サピエンスの誕生

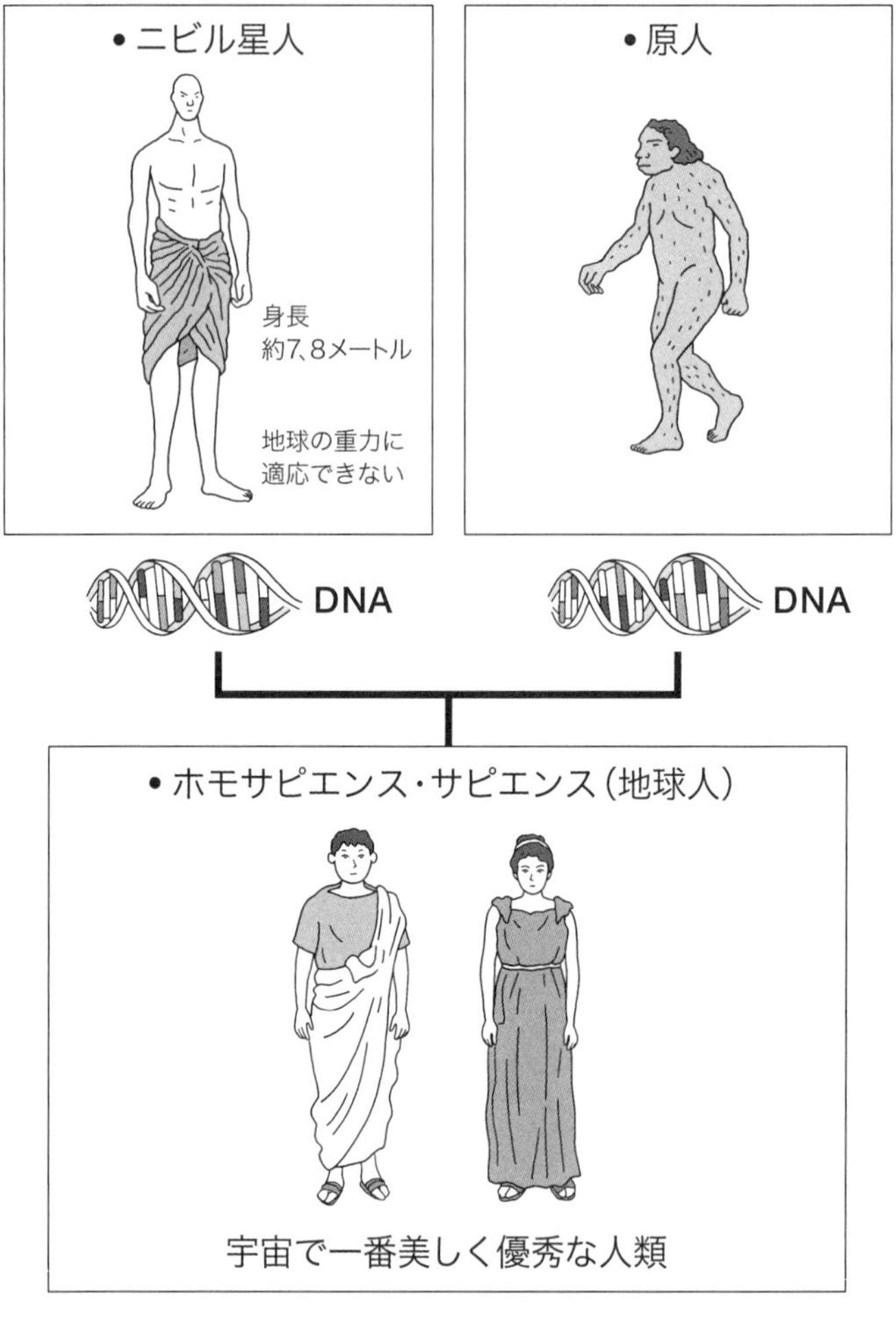

考えたり、感情を引きずったりすることはありません。失敗したら、逆に「これは知恵を得るチャンス」ということで、Vサインを出すような感じです。ベースにある概念が違うのです。誰かが失敗しても、それを責める人も「責任をとれ」と言う人もいないのです。

ただし、今お話ししたのは、あくまでも最大限進化した平行世界における宇宙です。平行世界とは、ある世界から分岐して、この現実と平行して存在している別の世界のことで、その数は無数にあります。

今みなさんがいるこの地球が存在しているこの世界には、もっとアグレッシブな宇宙人たちもいます。たとえば所有の拡大が好きで、戦争をしかけるようなタイプもいるのです。

ライラの遺伝子

そもそも、最初の宇宙人類はどこで生まれたのかというと、こと座のライラ（リラ）星系です。

ライラ人たちはおっとりしていて、所有という概念にまったく魅力を感じない人たちです。「ここにあるものはすべて意識をもって存在しているので、誰かが所有するのはおかしい」と考えているのです。

それがすべての人類の祖なので、宇宙のすべての人類には必ずライラの遺伝子が入っているはずです。しかし、宇宙には人類以外にもたくさんの違った形の生命体が存在しています。それらを総称してここでは地球外生命と呼ぶことにします。

地球外生命の外見は、地球でいう両生類、爬虫類、昆虫類とよく似たものがいますが、地球に住むそれらも、実はそうした地球外生命の仲間なのです。他にスライムのように特定の形をもたないゲル状の存在や、まったく形を認識することができない発光体の存在などもいます。

地球外生命と宇宙人類

現存する地球人は非常に多くの種類の宇宙生命の混血なので、ライラとまったく同じ性質をもっているわけではありません。

地球人の中にも相当アグレッシブな人たちもいれば、大多数の先住民族のように、無駄な殺し合いをしない人たちもいます。

実は、今の地球人は、かつてニビル人が作った地球人とはだいぶ違ってきています。後になって、多くの違ったＤＮＡが組み込まれてしまったからです。そして、何が優勢な状態にあるかによって、アグレッシブな人もいれば、穏やかな人もいます。

では、なぜここにそんなたくさんの遺伝子が入ったかというと、地球はかつて生命の実験場でした。宇宙からさまざまな地球外生命がやってきては、それぞれの惑星などからＤＮＡをもち込み、新しい種の生命を地球で作り出していました。

初めは原人に自分たちの遺伝子を組み込んでいましたが、後に地球人類ホモサピエンス・サピエンスが誕生してから、宇宙のさまざまな生命たちはこの新しい種に非常に興味をもつようになります。

なぜなら、地球人類は地球が希望した通り、宇宙にたくさん存在する多くの生命体の中で最も美しく、しかも、最も多くの可能性を秘めた優秀な種だからです。

しかし、中にはこの可能性に嫉妬したり、脅威を感じたりする種族たちも少なくはありませんでした。そのような宇宙人類や地球外生命は、地球人類がもつたくさんの能力を、自分たちのために利用しようと遺伝子操作を行いました。その結果、地球人類には少なくても22種類もの違った生命体の遺伝子が組み込まれています。

残念ながら、地球上で肌の色の違いや、言語の違い、宗教や文化の違いなどで対立したり、戦い合ったりしている状況と同じように、宇宙でも激しく対立したり、恨み合い、憎しみ合ったりしている種族があります。実は、私たち人類種も図らずもそのうちのひとつなのです。

ことの発端はライラ星系と、隣の関係ドラコ星系にありました。

ドラコ星系に住む地球外生命のひとつであるドラコニアン（以下ドラコ）たちの容貌はゴジラに似ていて、とにかくアグレッシブな性質をもっています。

ドラコは、地球人が想像するような悪意があるわけではなく、熱血なのです。自分たちの隣のライラ星系に人類が生まれると、魂をもったものの常として、俄然《がぜん》好奇心がわきました。生まれたばかりの人類ライラに会ってみたくなり、そばに行って「遊ぼうぜ！」と熱血の一撃を食らわせてくれました。

暴力も争うことも知らなかったライラにとって、これは驚きでした。ドラコに叩かれて、何が起きたかわからず、茫然《ぼうぜん》としてしまったので、無反応でかたまりました。

ドラコは「無視された」と思い、ショックを受けました。そこで今度は武器をもってきて、ライラを無差別攻撃しました。やられたライラはまたしても何が起きたかわからず、攻撃のしかたもわからず、どうしていいかわからないので、何度やられても反撃できなかったのです。

ドラコはますます怒って、徹底的にライラ星系を破壊しようとしました。そこで人類の元祖ライラは宇宙のあちこちに飛び散って、いろいろな文明の中で、遺伝子をミックスさせながら進化していったのです。

「幽界」があるから一元の世界に還れない

ドラコは単純なくせに恨みがましいというか、自分たちを無視したライラ同様にすべての人類のことが大嫌いです。この種は相当アグレッシブなので、相手が気に入らないと皆殺しにします。常に戦っていないと楽しくないわけです。戦ったあげく戦利品を増やすのはまさに地球上の戦争そのものですが、意外なことにほとんどのドラコは戦うことそのものが楽しいので、何かを奪い取るということには関心がありません。

むしろドラコの戦闘力を利用して、より多くを所有しようとする他の種族がいます。

人類の中には、このドラコと組んだ所有欲旺盛な種もいます。ひとついえるのは、ドラコ同士は必ずかばい合います。種に対する結束力は強く、自分の種族はものすごく大事にします。敵に回すとやっかいですが、仲間とみなしたものにはすごくいいのかもしれません。

宇宙の中でドラコの仲間に入った連中は、一時はものすごく勢力を拡大して、地球も自分の手中に収めようとしました。

その名残として、ドラコを神として祀《まつ》った場所も地球のあちこちに残っています。とくに日本の神社の大多数はドラコ系の存在を祀っています。それぞれの神様にはもちろん違う名前がありますが、竜神系の神社に祀られているのはドラコニアンたちです。

ドラコを祀ってきたような先祖たちは、所有欲、支配欲が強く、ドラコに仲間とみなされて大切にされてきた人たちかもしれません。

ただ、ドラコも、レプティリアンといわれる別のアグレッシブな種（爬虫類人型生命体）も、相当長い時間をかけて進化してきています。

長い時代を経て、彼らの世界もどんどん変化が起きていますし、彼らの中にも友好的な存在はたくさんいるので、種族で簡単に区切ることはできません。

だから、すべてのドラコやレプティリアンがアグレッシブで恐ろしいというわけでもありません。

とくにレプティリアンの中には、ものすごく地球人をかばって守ってきた人たちもいます。ところが今は悪い存在と誤解され、決めつけられているところがあって、気の毒に思います。

そして、ある時代に、宇宙ですごい勢いで所有を増やしていった巨大な勢力があり、地球人が知らない間に、地球がそこの所有地になっていて、しかも中心となるエリアに対してこちらは辺境の地であり、囚人を送り込む流刑地のように使われていたときがあったのです。

地球に流されてきた囚人の魂が、死後に本当に還るべき世界に行けないように、そして元のエリアに再び生まれてこられないように、「幽界」という亡くなった人たちがとらわれてしまう罠のような世界を作り出すための装置が設置されて、そこと現実の地球を行ったり来たりすることしかできないようにされました。

この状態は約1万数千年前から徐々に始まり、地球の流刑地としての役割がやっと解除されたのは、2300年ほど前のことです。

そのとき、すぐさま「地球人を救わなければ」ということで、お釈迦様が地球に生まれてきました。イエスキリストも同じ使命をもって生まれてきた人です。

彼らをはじめとしたさまざまなスピリチュアル・リーダーたちの働きがあったものの、地球人の魂やこの世での生き方には、地球が流刑地だった時代に行われたことの影響が、今なお色濃く残っています。

地球人は、いまだに幽界に閉じ込められたような状態になっていて、魂の自由が失われてしまっているのです。

このことについては第3章、第4章で詳しくお話しますが、まず、これが他の宇宙人と地球人の大きな違いであると理解してください。

最も進化した平行世界にて

さて、このように宇宙の歴史や地球人の歴史を語っている私に対して、「あなたはいったい何者？」と思われる読者の方も多いことでしょう。

私が何者かをお話しする前に、まず、私が所属する集団についてお話ししたいと思います。

数ある平行世界の中でも最も進化した宇宙の世界に、アインソフという議会があり、私は、２０１３年７月４日にそのメンバーとして迎え入れられました。

その世界が最も進化した要因となったのは、ひとつの銀河を飲み込んでしまうほどの非常に大きなパンデミック（伝染病の流行）が起きたことでした。そして、その事態の収束を図るために、驚異的なスピードで、広大な宇宙にバラバラに点在していた文明がひとつに統合されました。

それまでは、遠く離れた銀河同士は交流がなく、どこにどんな存在がいるかもお互いにわかっていない状態でした。ただ、地球ほどよその惑星やエリアと隔絶された世界ではないので、もっと広いエリアのことがわかっていましたが、お互いに干渉し合わない世界でした。

ウイルスは猛烈な勢いで拡散してゆきます。ある銀河を飲み尽くし、さらに勢いが収まることがない様子に、全宇宙が脅威を感じました。そこで、今回新たに発生したウイルスの原因を追及し、さらに、この出来事の詳細を調査し、全宇宙に報告すると共に、すべての種がこの事態に対策するための意見交換を行う場として、「大宇宙中央議会」が誕生しました。

ご存じのように、微生物の世界は非常に速く進化します。それまでなかったものが突然現れることももちろんありますが、その場合は、悪意をもった宇宙生命が人工的に作り出した可能性があります。しかし、すべての宇宙を飲み尽くすほどの勢いで拡散するウイルスを作る動機は誰にもありませんでした。そうなると、原因は別のことになります。

ウイルスのように小さな生命が進化するにあたっては、何か強烈なアンバランスが起きたときに、バランスをとろうとして進化する、という現象が起きます。ちょうど私たちの腸内細菌には、善玉菌、悪玉菌、日和見菌《ひよりみ》がいて、善玉菌が増えすぎると、日和見菌が悪玉菌になったり、それでもまだバランスがとれていないときには、さらに善玉菌までが悪玉菌に変化してしまいます。まさにこのようなことが起きたのではないかということで、調査を進めていきました。

その平行宇宙の世界には地球でいうような「医療」という分野はなく、病気に対して、より根本的な微細な領域を調べます。そもそも、小さな生命になればなるほど、意識と深く関与していることがわかっていて、意識的な領域まで見ないと原因はわからないのです。

そうして調べていったら、結局、パンデミックを引き起こした原因は、宇宙生命たち、もちろん人類も含めての「無関心」だったのです。

そのパンデミックによって、その進化した宇宙では生命体がだいぶ死にました。

そのウイルスに感染すると風邪のような症状が出るのですが、しばらく経つと症状は治まります。こうしてキャリアが増えていきます。そして、何かがきっかけでまた発症するわけですが、そうなった人は必ず発狂したようにアグレッシブになります。

ブラッド・ピット製作主演の『ワールド・ウォーZ』という映画を見た方もいらっしゃるかもしれませんが、まさにこの映画は、新種のウイルスによるパンデミックで多くの人がゾンビ化してしまうというものです。こうした映画は宇宙で起きた出来事を、地球に暗に知らせるためのものです。ですから、この映画は平行宇宙で起きたパンデミックの情報を元に作られているのです。

パンデミックの結果、起こったこと

平行宇宙でウイルスが蔓延《まんえん》した背景には何があったのでしょうか。当時は、「長いものには巻かれろ」といった風潮の、完全な統治国家のような世界がその銀河にどんどん広がって、みんな文句も言わずに上に従っているような状態でした。

今の日本以上にぬるま湯で、それなりにいい暮らしができていたのです。病気になれば治してもらえるし、これといった大きな悩みを抱えずに生きていられたので、みんなが無関心になっていきました。しかし、結局人間のモチベーションの源になっているのは「関心」、つまり「好奇心」なので、無関心になると強烈なマイナスが生じます。それがそのウイルスを生み出したのだろうという結論に行き着いたのです。

相手がウイルスですから戦っても、相手がどんどん進化して終わりのない戦いになるだけで意味がありません。そこでこの宇宙は大きな決断をしました。この先いっさいの戦いを放棄する」という決断です。ですから免疫抗体を作るのはいっさいやめて、その代わりに「関心をもち、好奇心を取り戻そう」という運動を始めました。ウイルスがいなくなることはないでしょう。でも、宇宙生命たちが再び生き生きとした好奇心をもって、新しい可能性を創造し続けることによって、感染する存在がいなくなります。

ですから、パンデミックを解決するために、自分たちの興味のあることをどんどん増やそうとしました。今まで知らなかった、非常に遠く離れた文明が互いに交流し合うようなことがどんどん起きて、あっというまに世界がつながりました。

地球上におけるインターネット以上にもっと便利なテクノロジーです。物質的なものがなくても意識がアクセスできるような、コミュニケーション手段のためのテクノロジーが急速に発達しました。種族の壁を越えて意識を完全に共有するために、新しい技術を次々に開発して、世界がひとつになり、中央議会をみんなが積極的に利用するようになりました。

この中央議会の中のひとつのセクションとして、アインソフ議会があります。

このパンデミックが起きたこの進化した宇宙の世界は、今私たちが住んでいる宇宙とは次元が少し違っていて、実はそこにある天の川銀河はすでに真っ暗な状態になっています。これ以上放っておくと、宇宙全体の進化を妨げることになってしまうばかりでなく、ブラックホール化してしまい、周囲のすべてを飲み込んでしまう可能性があることがわかっています。

これを解決するために立ち上がったのがアインソフ議会です。

進化した平行宇宙の世界で、天の川銀河がそのような状態に陥った大きな要因は、実は地球でした。

私がこの地球に生まれた理由

現在アインソフ議会のメンバーである私の使命は、大きくは次の2つです。

今まで地球という惑星が経験してきた、特別な状況の下に存在している地球人たちを、隔離された状態から解放して、宇宙の仲間として迎え入れること。そして、今地球という惑星にとてもイレギュラーなことが起きている中で、惑星自体にかかっている負担を軽減し、宇宙の仲間であるすべての惑星や恒星たちとちゃんとつながり合うことができるようにすることです。

今地球がおかれている状況は、たとえるならフリーラジカルのようなものだと思います。フリーラジカルとは、どこにもつながることができず、情報を共有できない分子です。それで「フリー」、つまり「自由」という名前がついているのは不思議ですが、そういう状態になると、分子は死んだも同然になります。

それと同じように、一般的な地球人たちは、宇宙において現在どこともつながっていないので、このまま放置しておくと、未来は平行世界で起きている「真っ暗な世界」になってしまいます。

なぜ天の川銀河が真っ暗になってしまったか、アインソフがその原因をたどっていったところ、いくつかの平行世界のいくつかの過去の始点を見つけました、そのうちのひとつの始点が、今私たちがいるこの地球だったのです。

つまり、ここはその可能性を変えることができる世界だということです。

それと同時に、中央議会には「地球人は、ニビル星人が作った最も優秀な人類である」という認識もありました。

だから彼らは、今私たちが生きているこの地球を変えれば解決につながると認識しています。

やりたいことを積極的にやろう

地球を変えるには、地球人のあり方を変える必要があります。

パンデミックを引き起こした原因は無関心ですから、大切なのは、無関心から脱出して好奇心をもつことです。それはもちろん地球人自身を救うことにもなります。

私たちは、「子供はいろいろなことに好奇心をもち自由に探求させることが大切だ」と思ってはいても、実際は子供が興味を示さないようなお稽古事を無理にさせたり、今興味があることを優先にできない学校や家庭での事情によって、その自由を制限してしまいます。

もちろん大人になればなおさら制限が多くなります。そして「自分はいったい何に興味があるのか？」と自問してもなかなか回答が得られない状態になってしまっているのではないでしょうか。

ですから、私は、自分のスクールやセミナーなどで、みなさんに「まず幸せを第一優先にしましょう」と申し上げています。そのために人に対して大義名分をたてる必要などありません。どんなに小さなことでも自分の純粋な欲求に、自分自身が気づいてあげることが第一歩として必要です。

たとえば、「今日はどうしてもひとりで本を読みたい」とか、「今青い海を見に行きたい」とか、根拠なく望むことも大切にします。もちろんすぐには叶えられないことも多いと思いますが、自分の望みを自分自身が知っておくことが大切なのです。小さなことでいえば、今食べたいものをちゃんと食べるということも大切です。意外と「すごく食べたい！」と思うものはそのとき肉体に必要な栄養素を含んでいたりするものですから。

基本的に人は好奇心をもてないことはしようとしませんから、まず、やりたいことを積極的にやろうとする姿勢を身につけることが大事です。そこに幸福感が生まれます。

宇宙の記憶をもって生まれた地球人

アインソフのメンバーで日本に住んでいるのは私ひとりだけです。あとは他の国の仲間が、私以上に頑張っています。

その仲間とは連絡を取り合っています。みんな私より優秀で、私の状況を手に取るように知っていて、妨害や障害があって「これ以上は無理だ」という状況になると、私以上に早くそれをキャッチして助けにきてくれます。本当にすごいなと思います。

私はこの人生だけではなく、前の人生、その前の人生でもずっと、地球と地球人類が霊的な尊厳を取り戻して、自分の意志で自由に今後の可能性を切り開けるように戻していく、その手伝いをやってきました。

私自身は「宇宙の情報をもっていて、覚えている地球人」ということになります。Saarahat（サアラ）という名前は、インドでスピリチュアルな学びのためだけに使われてきた言葉のひとつであるパーリー語の「智恵をもつ者、叡智《えいち》を修めた者」という意味です。この名前をつけたのはイエスです。

実はイエスは9歳のときに両親と離れて一度エジプトに行き、その後13歳のときにひとりでインドからネパールのヒマラヤに行き、ヒマラヤマスターと共に修行していました。26歳ぐらいでエルサレムに戻りました。そして結婚して子供を成し、ひとり目の女の子にサアラという名前をつけたのです。

私の魂には、その娘サアラの情報が含まれています。サアラをもっとさかのぼると、サラという人がいたらしいのです。それはインドに降りてきた地球外生命体だったらしいのですが、そのサラの魂を受け継いだので、イエスが自分の娘にそう名づけ、そうやって受け継がれてきた名前なのです。

地球人類を元の霊的な存在に解放することが、この名前をもつ者のミッションです。人が生きている状態で、自分が何者であったのかに気づき、自分が自由であること、自分以外の、権威の象徴として君臨する絶対的な「全知全能」といわれる神に従属しなくても、自分自身の最も崇高な意識こそが自分にとっての唯一無二なる神なのだと気づくように促すために、私はここにいます。

私はこれらの情報をどのように得たのか？

この本では「あの世」といわれる世界も含め、私がキャッチした宇宙や地球、魂に関するさまざまな情報をお伝えしていきますが、「それらの情報をいったいどうやって知ったのか？」と不思議に思われる読者の方も多いことでしょう。

具体的には、自分の魂の記憶としてもっている情報と、後から知識としてもたらされたものの両方があります。

まず後者のほうから説明すると、私は通常バイオコンピュータと呼ばれる生体に備わる物質的なコンピュータを使って情報をキャッチしています。同じアインソフのメンバーたちが、私に必要な情報を提供してくれることもありますし、こちらからリクエストすることもあります。

バイオコンピュータ上でこちらからリクエストしたことに対する回答は、言葉や画像などで回答される場合もありますが、現実世界で何らかの出来事を起こして回答される場合もあります。

たとえば、以前、アメリカのトップシークレット組織にいた人と知り合いました。彼はその当時アメリカが宇宙人と組んで何をしていたかを知っていて、私に情報を提供してくれました。その人が「好きに見ていいよ」と、見せてくれた膨大な数の写真の中には、見覚えのある宇宙生命の写真もありました。こんなにたくさん地球に来ているんだなと思いました。UFOの内部の写真などもたくさんありましたが、それで「これは古いやつでしょう」と何となく匂わせたりしたのですが、ずいぶん前に墜落したUFOの内部だったようです。彼の仕事は、墜落したか、もしくは墜落させたUFOの内部の科学技術を盗むことでした。

また、あるとき彼の家に呼ばれて、「一緒にこの映画を見よう」と、アメリカ映画を見ましたが、その映画の題材はすべて事実だそうです。先に申し上げた『ワールド・ウォーZ』と同じですね。

時々、私の目の前に突然こういう人が現れて、情報をもらうのです。

アインソフのメンバーから直接報告を受けるときには、先ほど申し上げた通り、バイオコンピュータを使います。言葉で伝えられるときもあるし、あたかも自分で思いついたかのように、自分にとっての未来の記憶を自動的にダウンロードするときもあります。

映画『マトリックス』で使われているような、おびただしい数の数列の画像として現れる場合もあります。そこから必要な情報を識別してピックアップしますが、なぜわかるのかと聞かれると回答はできません。

その数列などを開くと地図が出てきたり、画像や動画が出てきたり、いろいろなケースがあります。平行世界で起きている出来事の画像が出てくるケースもあります。

実は私以外の人も、みんなそういうことができる能力はもっているのです。

でも、悪用されないように、その力だけを開発することはできないようになっています。それに、いきなりあれもこれも情報が入ってくるのは混乱の元ですから。

まずは、忘れてしまった魂の記憶と一生懸命つながろうとするよりも、幸せに生きていくことが一番大事です。それができれば、意識しなくても魂の目的に沿った生き方に近づいていくことができると思います。

池川まとめ

あの世のしくみについて、サアラさんは「魂をもって宇宙に存在する私たち」という視点から語り始め、地球人のルーツや宇宙の歴史、そして地球に「幽界という装置」が生まれた経緯についても明かされました。

スピリチュアルなことに興味のある方は、あの世の一部である幽界について何かしらの知識をおもちでしょう。でも、ここで語られる内容には、びっくりされた方も多いはずです。

最初はあまりにも突飛な話だと感じるかもしれませんが、この章は、その先の話を理解するための前提として知っておくべきことばかりです。信じるかどうかは別として、とにかく先へと読み進めていただきたいと思います。

第2章

肉体は死んでも魂は死なない

見えないけれど〝その世界〟はある

地球では、この100年くらいでようやく、小さくて肉眼で見られない量子の世界と、現実的に私たちがふれたり、肉眼で見ることのできる世界は、切っても切れない関係性にあることがわかってきています。

「目に見えないけれど、その世界がないわけではない」ということがようやくわかってきたわけです。

それまでの概念では目に見えるものだけを見て「この世界だ」と言っていましたが、今は少しずつ、見えないものも含めてこの世界だととらえられるようになってきました。

私たちがいうところの幽霊も、神様も、守護霊のようなものも見えない世界だし、いわゆる量子物理学者たちが必死になって解明しようとしている意識や心、精神なども見えない世界です。

では、スピリチュアルといわれる世界観、つまり神様やエンジェルや輪廻転生、魂、スピリットといった世界観と、量子の世界は無関係かというと、そんなことはありません。

関係がないどころか、量子の世界観と、本来の意味でのスピリチュアルな世界観は完全に重なっているのです。

この地球世界に見えるものと見えないものが含まれているのと同じように、宇宙もそうなっています。

一般的には銀河や太陽系や惑星、恒星、衛星など、実体としてあるものだけが宇宙のように思われていますが、本当の宇宙は、ブラックホールやその他目に見えないものの占める割合が、見えるものの占める割合よりもはるかに大きいのです。

見えるもの、見えないもの、地球も含めてあらゆる次元がレイヤーのように何層にも重なって、同時に存在しています。そういうものを全部ひっくるめて宇宙です。

ですから、私たちが「あの世に行く」というのは、「宇宙の中の違う次元に行く」という概念でとらえてかまいません。

本来、魂が還るのはどんな場所なのか？

肉体をもった人類の魂が肉体を離れることを、地球では「死」と言いますが、その後に魂はどうなるのか？という疑問にお答えしましょう。

肉体を離れた魂は、宇宙の別次元に存在する自分のグループの世界に還ります。個々の魂には、ソウルグループというひとつの単位があります。そして、ひとつのグループを統括する「マスターソウル」があり、そのマスターソウルたちもたくさんあり、マスターソウルたちを統括するさらに大きなマスターソウルがある、という構造になっています。

生まれるときは、このソウルグループから、たとえばAさん、Bさん、Cさんという魂が作られて出てきます。それが惑星や、宇宙の中に人工的に作られた空間などにやってきて、胎児と結びつくわけです。

A、B、Cは何を意味するのかというと、「情報」です。

ソウルグループと人がこの世にくるしくみ

Aという情報をコピーしたのがAさんです。Aさんが人生を通していろいろ経験したことは、全部マスターソウルにフィードバックされます。

Aさんは一生をかけて情報を更新します。たとえばAが更新されてA1になると、大元の情報も更新されるしくみです。そして、亡くなると完全にマスターソウルに戻ってきます。

地球人にとっての「私」は、魂全体ではなくてごく一部で、みんな人間をやっているパーソナリティーの部分だけを「私」と思っていますよね。

でも、たとえば他の宇宙に飛び出していって生活している人たちは、大元のマスターソウルのほうを「私」と思っています。「私の一部がここにも、ここにもいる」と思っているのです。

わかりやすくするために、「Aという情報をコピーしたのがAさんの魂だ」と説明しましたが、実際は、単純にひとりの人間がひとつの情報をもってきているわけではありません。

進化とは、ソウルグループが共有している情報を洗練させることです。経験を通して無駄な情報を排除し、よりシンプルで洗練された情報に書き換えていくという作業を、私たちは常にマスターソウルと共に行っています。

実際は、効率化を図るため、「AとMとX」というふうに、情報をミックスして、生まれる場所へもっていくのです。Aだけだと情報が限られますが、他の情報も一緒なので、可能性がすごくワイドになります。情報はいくらでもコピーできるので、ひとつの魂がそれをもっていっても大元からなくなるわけではありません。

たとえば、ヒプノセラピー（催眠療法）などで「私の過去生は織田信長だ」と言う人が数人出てくれば、普通は誰かが偽物なのだと思うかもしれませんが、織田信長だったという人が何人もいても、それは必ずしも間違いではありません。可能性としてはありえることです。

魂のしくみからいって、実際には、同じ過去生を複数の人が共有することはいくらでも可能です。

そうやって、たとえばY、M、Nといった複数の情報をもってきて、人生を通してその中のデータを処理していきます。それによってYが更新されてY1になったりするわけですが、たとえばMを他の魂ももって生まれてきていれば、その働きが加わってMからM4に飛躍するとか、そういうことも起こります。

たくさんあるマスターソウルを統括している、さらに大きなマスターソウルもあるわけですが、その大きなマスターソウルから、肉体をもって直接地球にやってくる魂も稀《まれ》にあります。ブッダなどがそうです。

大きなマスターソウルから情報をもってくる存在は、一般的な人間とどう違うかというと、魂がものすごくたくさんの光子（光の粒子）をもっているのです。光子が情報の元ですから、その人は大変多くの情報、つまり智恵や叡智をもって生まれてきているということにもなりますし、また、多くの可能性をもって生まれてきているとも言うことができます。光子をたくさんもっているマスターソウルそのものが地球上に生まれてきたとすると、普通の人とは魂の大きさが物理的に違っています。

あなたの魂はどこにある？

次に、私たちの肉体と魂の関係についてご説明しましょう。

たいがいの人は、自分の胸のあたりに魂があるように想像しているようですが、魂とは図のように、自分の体の外にあるエネルギーフィールドなのです。

人間の魂（エネルギーフィールド）

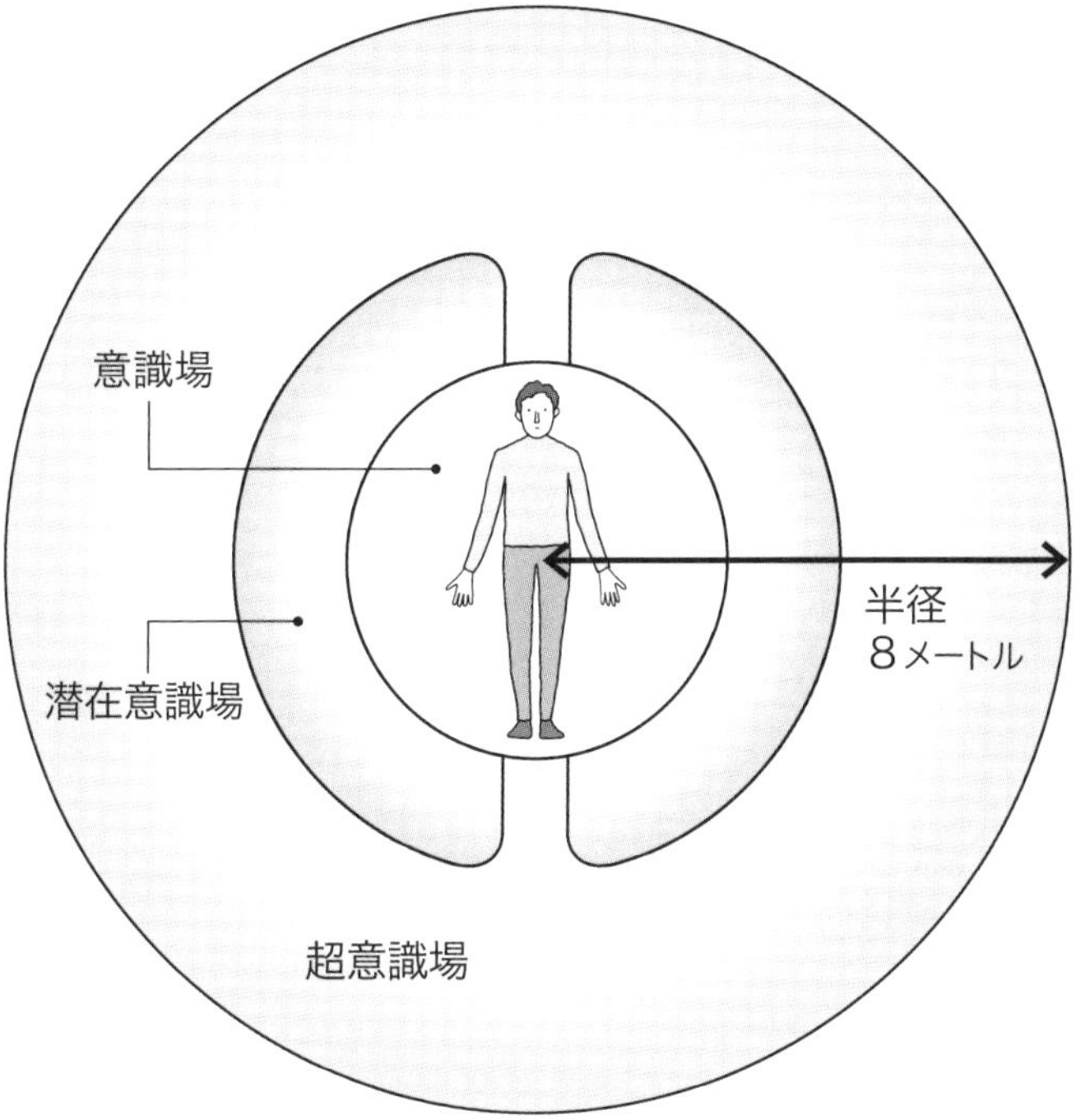

魂をイメージするときは、シャボン玉のイメージで考えるといいでしょう。だいたい、普通の方で半径8メートルぐらいの大きさです。

たとえば、誰もいない部屋に物がおいてあるのを見たとき、私たちは、感じようとすれば何か感じることができます。

また、考えごとをしながら原っぱにひとりでボーッとしているようなときでも、3メートル離れた背後を人が通れば、気づいたりします。

それは自分のフィールドに他人の魂が重なってくるからです。

魂の情報がチェンジするとき

宇宙では長老などと呼ばれていますが、古いマスターソウルから分離した魂をもって生まれてきた場合には、やはりエネルギーフィールドは大きくなります。しかし、私たちは魂を大きくするために生まれてきたわけではありません。

たとえばAというデータが洗練されて完成形になると、もう人間としてAというテーマに取り組む必要がなくなります。完成されたAは魂全体の共通認識になります。それはベーシックなものになり、誰の中にでも入っていく情報になります。

しかし、先ほども述べた通りひとつのテーマとしての情報しかもって生まれてこないなどということは絶対にないので、Aが完成したとすれば、一緒にもってきた他のテーマに対してもより高いレベルで取り組むことができ、より洗練した情報にすることができるでしょう。

非常に稀ではありますが、生きている間にすべてのテーマを修了させて、情報が新しくミックスされることもあります。

たとえば、がん患者の方で「絶対治らない」と言われた人が病を克服して元気になられたとき、がんになる前の人格と変わったりするケースがそれです。

他にも、交通事故に遭って九死に一生を得た人や、「この世的な成功はこれ以上ない」という状況になった後、いっさいのものを捨てて新しい人生を歩まれる方などは、明らかに魂の情報がチェンジしています。

エネルギーフィールドのしくみ

フィールドの中心部分がいわゆる「オーラ」といわれているところで、私は「意識場」と呼んでいます。ここは主に大脳を機能させているところです。大脳はご存じの通り、何か出来事に対して思考することや、記憶すること、また、過去の記憶に基づいて、今の状況などを認識し、判断して決断します。その決断に従った行動や言動などのアクションを起こすのも大脳ですが、大脳が自らそれらの機能を起こしているわけではなく、意識場が大脳をそのように機能させています。

その外側の「トーラス場」は生命維持装置のようなものです。トーラス場は主に中脳や脳幹、間脳などを機能させます。つまり、ホルモン、内分泌神経、ホメオスタシス、臓器の働きなどはすべてトーラス場が管轄していることになります。このトーラス場を「潜在意識場」とも呼んだりします。私たちが潜在的にやっているすべてのことの司令塔がここです。潜在意識場は感覚とも密接な関わりがあります。五感や第六感などといわれる直感や、サイキックな感覚もトーラス場によって促されます。

その外側の「超意識場」は小脳を機能させています。小脳は「神なる脳」などといわれ、スピリチュアルな脳なのです。

実際に、マスターソウルの情報が個人レベルの魂にダウンロードされると、それを小脳がキャッチします。

超意識場の情報量は非常に大きく、今宇宙の果てで何が起きているかということも知覚しています。しかし、それらすべてが小脳にダウンロードされるわけではなく、必要に応じて送り込まれます。

実際には、私たちが認識できる状態へと変換する意識場にすぐには反映されません。キャッチしたものを、中脳を通して大脳にもっていってビジュアル化するようなことを頻繁にできる人は、まだ一部の人のみでしょう。たとえば啓示を受けたり、ものすごく厳かな気持ちになって何らかのメッセージを受け取ったりするのは、小脳からの情報が大脳に入ってきたときです。

それは必ずしも赤の他人の情報ではなくて、元々自分自身が知っている情報です。私たちは、マスターソウルから分かれた魂の一部が自分だと勝手に思ってしまっていますが、本当はマスターソウルそのものが「私」なのですから。

マスターソウルはたくさん存在しますから、それは「私」がたくさんいるということになります。枝葉のようになった魂たちの経験は、統括されてマスターソウルのほうで更新されていきます。

つまり、魂のしくみは、魂の情報を司るマスターソウルたちと、人間としての経験を積んで情報を洗練させていくたくさんの魂たちによる、いわゆる分業体制になっています。

こうした魂のしくみを知らないために、人間は現実的なことに振り回されて、本来の自分であるはずの魂にアクセスできない状態になってしまいます。

でも、人間にとって魂にアクセスすることは大事です。自覚がなくても、実際はマスターソウルと常に交信し合っています。

魂にアクセスする方法

では、この現実を生きながら、魂にアクセスする方法はあるのでしょうか。

先ほどのエネルギーフィールドの図で、一番内側の俗にオーラと呼ばれる「意識場」は、先述の通り大脳の領域で、物事を思考するところです。記憶に基づいて判断したり、決めたり、アクションを起こそうとしたりするのも大脳です。このように、私たちは日常的にほとんど大脳を使っています。

見たものに反応する感覚的なものは中脳の領域になりますが、日常的に、ほとんどは大脳と中脳のコンビネーションで機能していて、その大半を担っているのが大脳です。大脳は絶えず忙しくしています。

ところが見えないサポーター、つまりソウルグループの仲間や、自分より大きなマスターソウルのさらに上のマスターソウルなどからのアクセスに気づく機能をもっているのは、大脳ではなく、中脳や小脳の領域です。大脳が常に忙しく発火していると、キャパオーバーになって、中脳や小脳をうまく使えなくなります。

つまり、大脳の使いすぎが魂へのアクセスを妨げる大きな原因になっているのです。

瞑想しているときに余計なことをなるべく考えないのがよいとされているのは、大脳をしずめて他の脳が活性化するようにしているのです。

大脳が機能するレベルと中脳などが機能するレベルは、脳波を測るとまったく違っています。ミッドα波ぐらいで機能していると、そういった情報がかなり入ってきますし、さらに宇宙的な情報になってくると、γ波が出ていることがひとつの条件になります。つまり、脳波を調整することで受け取る情報を変えられるわけです。

肉体をもたない魂は何をしているのか?

魂と肉体の関係について、さらに話を進めましょう。

お母さんのお腹にいる胎児たちの魂は、肉体を形成するための青写真となる情報を体内に残して、ほとんどお腹の外にいます。

魂は自由に動き回って、今度生まれてくる世界がどんな世界なのかリサーチしています。

たとえば、子供が「生まれる前にリビングで両親のけんかを見ていた」と話したりすることがありますが、そうやって両親を観察していたのも魂です。

両親はどんなタイプで、兄弟、祖父母などがいたら、一人ひとりの人格や関係性がどんな状態なのかずっと様子を見ているのです。

生まれてくると、情報をやりとりする大事な部分はほとんど脳にセットされます。

その後、肉体の外側に何層も、ものすごくきれいに編集された形で層を作っていきます。たとえば感情を作り出す「エモーショナルボディー」、思考や精神作用を促す「メンタルボディー」など、何層にも分かれていきます。

生まれる予定のない魂には、肉体を形成するためのデータが必要ありません。仏教で使われる図録で曼荼羅《まんだら》というものがありますが、肉体のない魂の中はあのような感じになっています。曼荼羅は元々、魂の情報なのです。

肉体をもたないでこの世にやってくる魂もいますが、それはいわば偵察期間のようなものです。偵察隊のようにこの世に来て、マスターソウルに戻ったとき、見てきた世界の情報を元に「どの情報を組み合わせると自分のやりたいことができるか」を判断して決めて、肉体をもって生まれてくることがあります。

たとえば地球にばかり生まれていた魂は、他の惑星や他の世界がわからないので、調査するために、魂のままそこを訪れるということを何度もします。マスターソウルが偵察隊を出して、調査してきた情報をまた集めて、どの世界に送り込むかをまた決めます。

マスターソウルの数は無数といっていいほどたくさんありましたが、今はその数をどんどん減らしていく傾向にあります。進化していくということは、あちこちに転生していった魂が課題をクリアして、データがどんどん洗練されることによって、マスターソウルの数が減っていくということを意味するからです。

以上が魂についての概略で、第3章、第4章の話のベースにもなる情報です。

知っておきたい意識の7領域

魂と私たちの関係をより深く理解するためには、私たちの意識の構造について知っておくことが必要です。

意識は、7つの領域に分かれています。

意識の一番底辺には、社会意識があります。

これはどういうものかというと、たとえば地球には引力があり、そのせいで私たちは空中に浮かんだりすることはありません。それは小さな子供にもある共通認識で、それも含めて社会意識です。

その人の中で、社会意識はどんどん発達していきます。社会性が芽生えて4歳ぐら

意識の階層

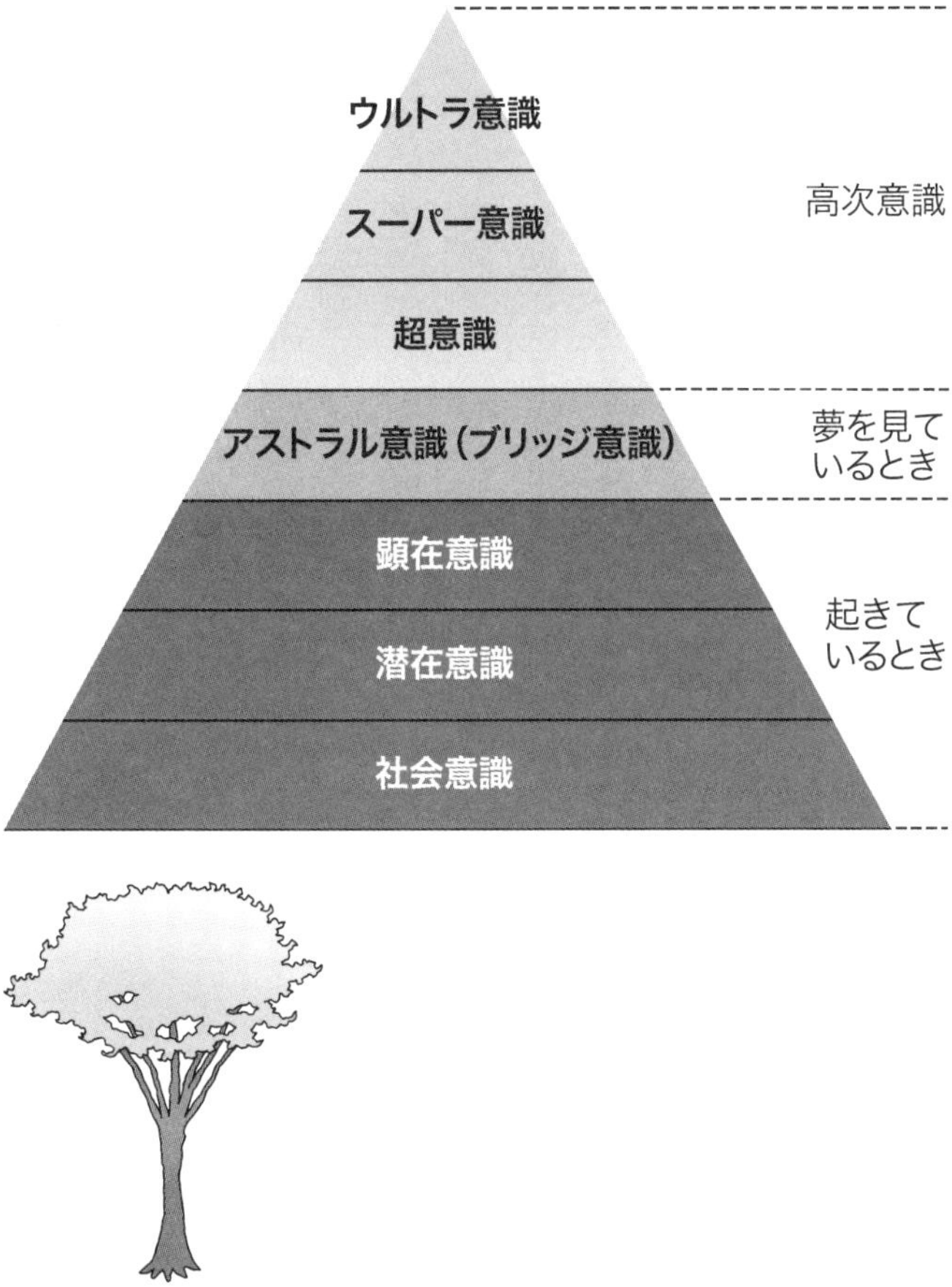
ウルトラ意識
スーパー意識
超意識
アストラル意識（ブリッジ意識）
顕在意識
潜在意識
社会意識
高次意識
夢を見ているとき
起きているとき

いになると友達との関係性も作るようになります。このように人間関係から発達させていく部分もあれば、集合意識のような部分もあって、社会における常識などの概念を学習して身につけていく部分も、集合意識といえますし、また、地球人全体の集合意識となると、「重力があるので地面を歩く」や、「自然界の現象には逆らえない」といった、理屈ではなく当たり前のこととして認識している部分もあります。これが社会意識です。

その上に潜在意識があります。これはよく心理学の世界でいうような潜在意識ももちろんそうですし、心臓の鼓動や呼吸など、人間の肉体を維持するためのさまざまな機能も、ほとんど潜在意識が司っています。

そして、その上に顕在意識があります。これは、みなさんが意識している意識です。一番下の社会意識からこの顕在意識までが、人間が覚醒時に使っている意識です。

その上に、アストラル意識、またはブリッジ意識（橋渡しをする意識）と呼ばれる部分があります。

その上部にある3つの意識、つまりウルトラ意識、スーパー意識、超意識（マスターレベルの人が使う意識）と、社会意識、潜在意識、顕在意識の3つの意識の橋渡しをするのがこのアストラル意識です。

ウルトラ意識、スーパー意識、超意識は、現実生活の中では通常あまり使いません。何十年も特殊なトレーニングを積んでいたり、いくつもの過去の人生でそういうトレーニングを積み重ねてきたような魂は、これらの意識をあえて使うこともありますが、大多数の人は使いません。

アストラル意識は、みなさんも毎日使っています。

それは眠っているときです。夢を見ているときの意識はアストラル意識なのです。

そのときは、下の層にある3つの意識も働いています。

そしてアストラル意識は、下部にある意識を認識しているのです。

日常生活の中でどんなふうに大脳を使っているとか、その人の中にあるトラウマがどんなもので、ある種の社会的概念のせいでこんな不自由な思いをしているとか、そうしたことをアストラル意識は全部わかっていて、その上で夢を提供します。

さらに上のほうの意識を見ていきます。

超意識は、より高次の意識です。

上の2つ、スーパー意識とウルトラ意識は、アストラル意識の下にある3つの意識にダイレクトに働きかけることはできません。そこには時間も空間もなく、情報を言葉に置き換えることができないからです。

アストラルの領域は、より高次の意識の情報を、翻訳機のように時系列順にまとめたりもできますが、あえてまとめないほうが、大脳的な認識をさせないためにいいというところもあります。

夢は時間の帯がぐちゃぐちゃで前後の脈絡がなかったりしますが、ここには元々時間があるわけではありません。アストラル意識が順を追って時系列的に認識するのが必要だと判断した場合には、そういう形で潜在意識に見せているだけです。

朝まったく覚えていない夢も、潜在意識にはちゃんと記録してあります。

つまり、アストラル意識とは夢見の意識です。そして、夢を展開している世界を、アストラル領域ととらえます。

7つの領域は、図のように重なり合っています。普段、そのどこにチャンネルを合わせているか、どの領域に意識をフォーカスしているかというと、起きている間は必ず顕在意識にフォーカスしています。

ただボーッとしているとき、ふと、「今何を考えていたんだろう?」と思うときは、どこにもフォーカスされていません。

高次の意識ではすべてがつながっている

この図の中で、超意識場までが個人の領域です。

その上のスーパー意識とウルトラ意識では、もう「自分」という境界線がなくなっています。

ただ、スーパー意識には、人としてではなく魂レベルでの個があります。ここまでは、魂が関係します。

ウルトラ意識になると、もう魂はもう関係ありません。宇宙のすべてが自分という感覚になります。ヴォイド（空）であり、ワンネスということになります。

植物たちには魂がありません。

植物はネイチャースピリットといって、全部がつながっています。

私たちは、元々すべてがつながっていてワンネスなのですが、一応個としての自覚があります。それに対して、植物には「個」「自分」という自覚がありません。

彼らの世界では、本来調和が崩れることはありません。木が成長し、葉を落として朽ちて他の木の養分になって他の木を生かすという、始まりも終わりもない循環の中にいるのは、ネイチャースピリット独特のあり方です。

輪廻を繰り返し、擦り切れている私たちの魂

意識の階層の中で、超意識場までが個人の領域になりますが、私たち一人ひとりの意識と魂の関係はどうなっているのでしょうか。

簡単にいうと、魂は、いわば超意識場までの領域を包み込んでいるシャボン玉の薄い皮膜のようなものです。その皮膜の部分が、意外と大事なのです。

それと近い関係が、私たちの体の中にもあります。

今までは、細胞は細胞核、つまりＤＮＡありきと思われていましたが、実は細胞膜がどのような状態になっているかによって、ＤＮＡの状態が決定づけられることがわかってきました。

それと同じように、脳に対しては腸が影響しています。腸の内壁がどんな状態かに

よって、脳の機能のしかたが変わってしまうのです。

ＨＩＶウイルスの発見者で、ノーベル医学賞を受賞されたリュック・モンタニエ博士の最近の治療法は、洗腸してきれいな状態にして、よい腸内細菌だけを移植するというものです。するとストレスがなくなって腸壁の状態が大きく変わり、樹状突起にある膨大な数の毛細血管が活性化するとわかっています。

その状態になると、なんと人格が変わるのです。

重度の統合失調症がすっかり治ったり、うつ病なども98％以上の確率で治るのだそうです。

脳と腸の関係だけは形状が違うのでわかりにくいですが、「細胞核と細胞膜」「脳と腸壁」、もうひとつは「（超意識を包み込む膜としての）魂と人間」といった同じような関係性があります。

魂は、宇宙から来たときは新品の状態になっているのが普通です。

でも、地球人の場合は他の宇宙人と違って、輪廻を繰り返していますから、生まれた時点ですでに魂が傷つき、擦り切れた状態になっていることが多いのです。そこにも、前述のように、「地球が、ある文明の流刑地にされていた」という事情が深く関わっています。

池川まとめ

私たちはこの章で、魂というものの意外な実態にふれることになりました。

魂は体の内側ではなく、外側に存在するエネルギーフィールドであること。

そして、魂がこの世に生まれてくる目的も、私たちが社会的価値観や宗教的な観点で考えるものとは違っていること。

魂レベルでは、私たちがこの世の感覚で考える「いい人生、悪い人生」という区別はないということになるわけです。

要するに、どんな人生も無駄ではないといわれているのと同じです。それならば、つらい人生にも意義を見出せることになります。

これは宗教的な話とは関係なく、ただ宇宙のしくみがそうなっているというお話ですから、多くの人が受け入れやすいのではないでしょうか。

第3章

あの世はどうなっているのか

「アストラル界」とは何か？

ここからは、私たちが死後に行く目に見えない世界、つまり「あの世」についての話になります。

ソウルグループを統括するマスターソウルの世界のひとつに、「アストラル界」という領域があります（これは、意識の階層の話で出てきた「アストラル意識」とは別のものです）。

アストラル界は、宇宙のすべての生命が亡くなった後に行く世界です。

生きていたときの、体があることや所有や評価という概念に慣れていると、それらのまったくないマスターソウルの世界にいきなり戻ってもなじめないので、アストラル界で、そうした概念から自由になるための訓練をするのです。

魂はそこを経てマスターソウルに還り、次にどうするかを決め、次のチャンスをつかんで他の星に転生したりします。

今は、惑星に住まない人たちもたくさんいます。

「惑星に多大な負担をかけなくてもいい」という考えは、もはや宇宙では常識です。

ですから、人工の惑星のような「シップ」で暮らす人たちもたくさんいます。そこは空気も水も供給されていて、人工的に作られた世界ではあっても自然界とまったく変わらない世界です。

地球人で、ＵＦＯに乗せられて連れていかれた人たちは、自分たちが見た世界は、「まるで南の島、タヒチなどのような世界だった」「どこまでも水平線があり、空間の限られたシップの中とはとても思えない」と、語っていますが、まさにその通りです。そこには太陽も昇ってきます。

そういう場所は、「〇〇エリア」と呼ばれたりしていますが、転生してそういう場所に行く魂もたくさんいます。

そして、魂の基本は好奇心です。次はどこへ行って何をしてみたいか？　それが再び生まれるモチベーションになります。

アストラル界では、自分の未来にどんな可能性があるのかを、全部見ることができます。

「宇宙ではこんなことが起きていて、こういう所に行きたければ、こういうこともできる」というふうに。実際に候補がいくつかに絞られた段階で、魂としてそこに調査しにいくこともできますが、調べにいかなくてもアストラル界で疑似体験することができるので、非常に便利です。

そこで肉体感覚などが抜けていき、魂だけの状態の世界観に慣れていけば、転生しても大丈夫です。

実際のところ、地球人以外の魂たちにはそれほどリハビリは必要なく、自分の好奇心が最大になったときに、自分の意志で転生していきます。誰かの指示や命令などはありません。

地球人のためのアストラル界がある

第1章で少しふれたように、地球人の魂は非常に特殊な環境におかれてきました。「幽界」と地球の間で輪廻するしかなく、「アストラル界からマスターソウルへ還り、また宇宙のあちこちに転生していく」という、本来のチャンスを望めない時代が長く続いたのです。

幸い、今は幽界を経てマスターソウルに還れる道筋も用意されています。

ただ、地球人に関しては、地球独特の概念でずっと洗脳されて続けているので、それをニュートラルに戻す必要があります。死んだ後も、傷ついた経験をなかなか手放せない魂も多いのです。

そのために地球人専用のアストラル界があり、そこにリハビリなどを行う施設があります。

アストラル界はみなさんにとってかなり興味深い世界だと思います。

一見すると、地球とそう変わらないように見えます。植物が生えていたり公園や建物があったり、先に亡くなった見覚えのある人たちがいたりして、世界観としてはそんなに変わらないのです。

なぜかというと、地球人が恐怖にかられて「家に帰りたい！」とならないように、そういうふうに作ってあるのです。そこに所有という概念はいっさいなく、死んでそこに行った人は当然何ももっていないのですが、リハビリセンターに入るとみんないろいろなことを言い出します。

老人が亡くなってリハビリセンターに入ると「私の入れ歯がない」とか「メガネがない」とか、「通帳がない」「財布がないからどこも行けない」などと言って慌てます。

センターでリハビリを行ったり、日常的な面倒を見てくれる人たちは、みな地球で生きた経験がある人たちです。彼らは奉仕者としてそこでの活動をサポートしています。

彼らは不安に駆られている人たちに対して常に優しく声をかけます。

「大丈夫ですよ。あなたの歯があるか確認してください」「ある！」

「眼鏡がない……」「見えていないのですか？」「あ、見えています」

とか、そんなやりとりがあります。

実際は歯もあるし目も見えています。アストラル世界にやってくると、よほど意味があって、重篤な病気を患ってきた人たち以外は、このように肉体的な状態が若返ります。

もちろん人は死ぬときには、物質的には何ももっていけませんから、当然アストラル世界には手ぶらで到着します。しかし、苦しんだりせずに亡くなった方たちはとくに自分が死んだことを実感できないために、まだ生きていたときの概念で物事を考えようとしてしまいます。

ですから、財布や、大切にしてきた物がないと非常に不安になってしまいます。しかし、ここにはお金もないし、職業もなく、すべては自分の自由な選択によって、自由に得たり与えたりすることができます。

死者たちは、アストラル世界でのそうした経験を経て、物に依存したり、共依存の人間関係を作ってきたクセがひとつずつなくなっていきます。

地球に帰りたがる死者たち

一番興味深いのは、この世界に来た死者たちが、一度は元のあまり幸福ではなかったはずの地球社会に帰りたいと思うことです。そう思うきっかけになる一番の要因は劣等感です。

アストラル世界の奉仕者たちは、全員非常に優秀で、私たち地球人とまったく同じ姿をしているので、死者たちは無意識のうちに自分と比較します。そして、自分は何もかもやってもらわなければならない立場であることをみじめに思ったり、奉仕者たちと比較して明らかに自分は劣っていると感じてしまうようです。

地球社会は評価社会です。そこで、高く評価されたり、人より優れていることを求めてきた人たちが、突然自分には何も理解できす、アストラル世界の概念にうまくなじめていない自分を感じ始めると、いたたまれなくなるようです。

とくに地球でもそれなりの地位をもっていたような優秀な人たちは、プライドが高いので、ここでの衝撃は一層強くなるようです。地球にいたときは地位や名声があって、人から賞賛され、みんなの面倒を見たりしていた自分が、いきなりリハビリセンターに入って、自分が信じてきた概念が嘘やまやかしだったと知るとショックなのは当然でしょう。

精神的にも、肉体的にも圧倒的なタフさをもち、どの人のニーズにも明確に応える姿勢や、感情的になることなく常に冷静で中立な態度でいることができる奉仕者たちに猛烈な嫉妬心をかき立てられる人たちも少なくはありません。

そこからがもう大変で、自分の担当のスタッフに意地悪をするようになったり、中には思いあまってリハビリセンターを脱走しようとする人もいます。今までは活躍していた自分が無力で、人のお世話にならなければいけないことに耐えられず、脱走するのです。

そういう人は元々優秀な人なので、奉仕者たちがアストラルから幽界へ新たに魂を迎えにいく頻度やタイミングを観察して、綿密に計画を立てます。それに紛れて脱出したりします。幽界から再び地球に行きたいからです。でも、死者はもう地球には戻れません。

奉仕者たちは死者が紛れ込んでいることに気づいていて、死者自身がもう戻れないということを自分で確かめた時点で、再びアストラル世界に連れ戻します。死者は怒って「俺を誰だと思ってるんだ！」と怒鳴ったりします。

一方アストラルの奉仕者たちは、どんなときにもすべての死者たちに寄り添う気持ちをもって対応してくれます。とくに最初に対応してくれる奉仕者は、何度も地球に生まれて生活した経験をもつ奉仕者たちですから、地球人として亡くなった人たちの気持ちをよく理解しています。かといって感情的に同情することなく、死者たちの成長と理解を信じて対応してくれます。

アストラルではどんな人も公平に扱います。生きているときに特別扱いされてきた人が、最初にアストラル界に入って、一列に並んだベッドで休んでくださいと指示されたりすると、「特別室はないのか」などと言ってしまうのは、ちょっと悲しい感じがしますね。

地球で権威や名誉などを得て、評価を得て、それに執着していた人たちは、アストラル世界の公平な対応になかなか慣れることができず、地球的な価値観をいつまでも引きずってしまうケースもあります。そうなると、リハビリに時間がかかります。

生きているうちにそういう執着を捨てられると一番いいですね。

アストラル界での穏やかで幸せな生活

アストラル界では、亡くなった地球人も、リハビリセンターで世話をしているスタッフたちも、アストラルボディーをもって生活しています。

地球上で使っていた肉体とほぼ一緒です。

肉体が著しく損傷を受けていたらアストラルボディーもそのままの状態なので、リハビリセンターに行く前に治療施設に入って、病気を治し、傷を消されて、「この人生でなぜそのような経験をする必要があったのか」という意味を十分に理解できるようにします。

もちろん痛みはすぐになくなるし、必要のなくなった傷は瞬時に消えますが、そこにいるのは地球上にいるような医者ではありません。

アストラルボディーは、地球上に生きていたときの肉体とは次元が違う体です。時間の経過も地球よりもゆっくりです。

たとえば10代で亡くなったら、アストラルボディーもそのときのままです。年をとってから亡くなった人もそのままですが、それ以上老化が進んだり、病気になったりすることはありません。

がんが進行していた人は元の健全な細胞に戻ります。入れ歯になった人も、アストラルボディーになったときは歯があります。

たとえば鏡に映っている自分の姿を見れば、地球人でも「今日は顔色がいいな」とか「暗い顔をしているな」とか変化を感じると思いますが、それと同じように、地球人として鏡を見ていたときよりも、顔の造作は元のままですが、ワントーン明るくなって元気そうな顔になっていると思います。でも、誰の顔かわからないなどということはなく、自分が見慣れた顔と体です。服もちゃんと着ています。

リハビリの段階を卒業すると、自立してこの世界で自由に生活することになります。そのための研修期間が始まります。

アストラル世界にはお金は存在しません。今の地球では、みなお金のために我慢することも多くあります。嫌な仕事でも辞められなかったり、疲れていても休むことができなかったり、あまり収入が得られなければ、必要な物やほしいものを手に入れることも、行きたい所に行ったり、参加したいことに参加することも適いません。

別の言い方をすれば、お金は便利でもあり、大概のことはお金で何とかすることができます。

ですから、地球では多くのことを決定づけているのはお金なので、お金のない生活に慣れるのにも時間がかかります。

アストラル世界には、コンビニエンスストアのようにあちこちにレクリエーション施設のようなものがあります。アストラル界で生活していく上で自分が必要だと思うものは、そこで何でも手に入れることができます。家も支給されます。ひとりでもいいし、誰かと住むこともできます。

そちらの世界に行ったらものを食べる必要がないのでキッチンも必要ありませんが、食べることができないわけではありませんから、食べたい人は食べることも可能ですし、料理をしたい人は、キッチンを完備した家を手に入れることも可能です。

先述の通り病気は治ります。100歳で死んでシワがある人はシワがあるままですが、もし本人に美容へのこだわりがあってシワをなくしたいなら、それも可能だと思います。でも、その世界でリハビリを受けた後は、もう外見的な執着がなくなっているので、そういう気になりません。

生活そのものが違っていて、全員が、そこにいるすべての人と受け入れ合っているので、敵対する人も、自分を否定する人も、攻撃する人も、ジャッジする人もいないのですごく穏やかな生活です。

穏やかになるだけで人のシワは減りますよね。リハビリが終わった人たちは、全員すごく幸せなのです。

これが再び生まれるための教育だ

リハビリセンターのゴールは、アストラル界でみんなと円満に普通に生活できるようになることです。

そこから先は本格的な教育が始まります。教育内容は多岐に渡っていますので、自分の興味のあることを選択できる部分もありますし、必修科目のように全員が受ける必要があるものもあります。

選択できる教育は技術や知識を得るためのものです。たとえば、魂がずっと音楽家をやっていた人は音楽ができます。楽器が必要であれば、レクリエーションセンターのような所へ行けば、完全にカスタマイズされた自分の楽器をもらうことができます。だんだんと好奇心がわいてくるので、この世界はどうなっているのかとか、この世界でも自分がみんなの役に立つにはどうしたらいいだろうという意識が出てきます。そういうことが始まると、リハビリは卒業して、みんなと一緒に普通に生活することができます。

それまでに、アストラル界のいろいろな施設やしくみを学ぶための見学会などもあります。

この段階に入ったときの一番のメリットは、きちんとした教育を受けられるということです。

そして純粋な魂に戻っていくと、今度はまったく新しい可能性をもって地球以外でもさまざまな世界に転生していく可能性が出てきます。

そうするにあたって、スピリチュアルな教育を受けながら、宇宙のしくみや、自分はそもそも何を探究していた魂なのかを、明確に思い出すということが大切です。アストラル界でも、アストラルボディーのまわりに魂があるのは変わりません。

アストラル界では、魂の中の情報をある程度整理するわけです。

地球人は、古い魂のまま何回も輪廻しているので、魂の中で多くの情報が未整理なままグチャグチャになっているわけですが、それを自分自身で整理するための勉強なので、誰か教師が教えるのではなく、アストラル界のストレスのない生活をしながら、さまざまな形で考えるチャンスがもたらされ、ゆっくりと自分自身を振り返ることで、自ら気づくのです。

自主的に、散歩をしたり、瞑想をしたり、芸術活動などの創造的な活動をすることによって、自分の中からわきあがる情報や記憶を整理してゆきます。

最初に来たときに浮上したコンプレックスや根深い被害者意識は、固い殻のようになって自分で手放すことが難しいので、リハビリセンターではそのような表層の殻のような部分を取り去ることを手伝ってくれます。

そのとき、「自分がもっていたのは、地球ならではの利害関係に基づく被害者意識であり、霊的にはまったく被害を受けていなかった」ということに気づきます。

自分の経験を語る相手がほしいときは、話を聞く専門家がいて、うまく記憶を整理することをサポートしてくれます。

一方的に何か教わるとか、何かを覚えるとかではなく、自分が何者だったのかを思い出していくためのサポートをしてくれるのが、ここでの教育です。

魂に優劣があるか?

人類だった魂が、たとえば犬や猫などに生まれ変わったり、犬や猫が人類に生まれ変わることがあるかというと、それはあります。

それは、魂という膜の中にどんな情報を入れるかで決まります。馬の情報を入れれば馬になるし、犬の情報を入れれば犬になるわけです。

人格があるように、霊格もあるという人もいますが、その人がどういう意味で霊格という言葉を使っているかはわかりませんが、ここに明確な定義が成されていないように感じます。

人格は、人としての部分のことです。この性質は、何か特定の基準に従った評価で格付けされ、順位を決められるようなものではありません。優劣や上下ではなく、ただ単に魂の目的や計画に応じて「違い」があるということです。

これに対して、霊格は、霊的存在としての性質を示す部分です。当然霊格にも優劣や善し悪しなどはありません。

しかし、それぞれのマスターソウルがもつ情報の質には差があり、その差はイコール成長の度合いの差となります。そこから来る霊格は、マスターソウルの成長度によって、当然違いが出てきます。

人格がそれぞれの魂に計画や目的に適うように選ばれると言いましたが、そもそも魂の目的そのものが、霊的成長度合いによって違ってきます。ですから、マスターソウルの成長度が高ければ、難しい課題に取り組むわけで、それに見合った霊格をもつことになるのは当然です。

だからといって、地球的な意味での優劣があるわけではありません。小学校1年生より6年生のほうが偉いとか、よいというわけではありません。必ず1年生はやがて6年生になります。このことと同じです。

そもそも「個が」あるのは超意識までで、スーパー意識になると、つまりマスターソウルそのものを自分と認識するなら、「この人もあの人も自分」となるので、意図する何かがあって違う自分を作っているだけで、それがよいとか悪いとかではありません。ただ用途によって性質を変えているだけです。

地球にいると、どうしても評価社会なので、当然、わけもわからない小さい子供や、反発したくてしかたないティーンエイジャーと比較すれば、誰でもチベットの高僧が優れていると感じるのは当然です。

でも、そのティーンエイジャーも優れた資質をもっていたり、潜在的な可能性を秘めています。

違いそのものは歴然とあります。しかしその違いを比較したり評価したり、否定的なことを言ったりするのはまったく不必要なことです。まして、劣等感を抱いたりすることは本当に意味がないことと、理解するのは非常に重要です。

なぜ地球人だけが「幽界」に行くのか？

幽界は、アストラル界の一番低い領域（低層）にある世界です。地球人が亡くなるとすぐに行く所で、地球人特有のものです。他の天体で亡くなった魂には、幽界という世界はありません。

では、なぜ地球人だけが幽界に行くことになったのでしょうか。

それは第1章でお話ししたように、2300年ほど前まで、地球がある巨大文明によって流刑地として使われていた時代があったからです。

地球は、まるで「宇宙のごみ捨て場」のようになっていたのです。

その文明社会の支配層にとって、地球は「理解力も好奇心も向上心もない人たちや、その社会で極悪非道とされることを犯した人たちを捨てる場所」でした。

といっても流刑に処された全員がそんな人たちだったわけではなく、逆に、あまりにも優秀すぎて妬《ねた》みを買い、罪を着せられた人たちや、その社会の支配者たちにとって利益をもたらさない、公平な社会のために役立つしくみを提案したり、テクノロジーを開発したりした人たちもいました。

要するに、送り込まれてきた囚人たちは、大きく二分されます。彼らの社会で厄介者とされる、手の施しようがない人たちと、ものすごく優秀な人たちの両極です。

そして、いずれにしてもその文明からは厄介者と思われている彼らの魂が、彼らのいる場所に再び戻れない（転生できない）しくみ「幽界」が作られました。

その結果、地球人は、肉体を失うと幽界に行ってそのままそこに閉じ込められるか、幽界からまた生まれ変わって、地球と幽界の間を行ったり来たりするか、どちらかの選択肢しかない、そういう時代が長く続きました。

今の地球はもはや流刑地でなくなっていて、本来還るべきマスターソウルへの道筋も用意されているのですが、それでもまだ多くの人が、亡くなるとそのまま幽界にとどまってしまいます。

幽界は、地球の上空や宇宙にあるのではなく、すぐそこにあります。

死んだあとで私たちが渡ると思っている三途《さんず》の川や、天国や地獄も幽界にあるものなので、やはりすぐそこにあります。

生まれる前に、空の上からこちらを見ていた記憶がある人などもいますが、それは実は幽界で見た光景で、「空から見ているようなビジョン」を見せられていたにすぎないのです。

上とか下とかいう認識は、この物理的な肉体から離れるとずいぶん違うのです。目で見ているわけではないので、高い所に上がらないですぐそばにいても、見下ろしているような視界で見ることはできます。前からも後ろからも天井の上からも机の下からも、全方向から見ることができるのと同じです。

死んだら地獄に行くと思っていれば、地獄に行く

地球人はこの幽界へ、生きていたときの価値観や概念をそのまま引きずってもっていきます。寝ているときの夢と同じような状態で、それをもっとリアルにした世界と思っていただいていいでしょう。

寝て夢を見ているとき、たとえば火事の場面なら熱いと感じるし、おいしいものを食べたらおいしいと感じていますね。それと同じようなことが起きています。

生きているときに地獄があると思っていた人は、そこで地獄の光景を見ます。夢とは違ってもう死んでいますから、その状態から目覚めることはできません。ですから、死ぬ前にどんな情報をもっていくかということがすごく大事なのです。

どんな人生だったとしても、死んだ後に人生を振り返るプロセスが必ずあります。

でも、幽界で人生の振り返りをする場合は、ほとんどの人は強烈にジャッジされると思います。それは自分自身の意識がそうだからです。

生きている間ずっと評価社会にいたので、亡くなった後も自分を評価します。そのときにいろいろな登場人物を自分の想念が作り出して、たとえば自分が創った神様に裁かれたりするわけです。

ですから天国と地獄というのも、地球にいる私たちの概念をそのままそこにもっていって現実化しているようなものです。

死んだら地獄へ行くと思っていれば地獄に行き、自分は幽霊になると思っていれば幽霊になります。

幽界に一度入ると、自分の意志ではなかなか抜けられません。次に抜けるのは、幽界の管理者に指示されて、輪廻のためにお母さんのお腹に入るときです。

しかし、マスターソウルの領域にあり、リハビリもしてくれるアストラル界とは違って、幽界では魂の中の情報をいっさい整理できません。ですから、魂は地球的な概念をもったままで再び地球に生まれてきます。

どんな経験をしたいかという計画を自分で立てることも、あまりできません。マスターソウルから来たときの計画をまだ果たせないままなので、それ以前の人生と同じようなことを繰り返します。そして、死ぬとまた幽界に戻ってくるのです。

このように、延々と繰り返される輪廻のしくみによって、地球人はマスターソウルに還れず、幽界に閉じ込められたような形になっているのです。

もう誰もあなたの評価や比較をしない

幽界に閉じ込められないためには、幽界に行ったときにまず自分を裁かないことです。「死んだあとは、もう誰も自分のことを裁かない」と思って死ぬことが大切で、あとは、幽界を飛び越えて魂の源へ還るイメージをもつことも役立つでしょう。

幽界では、何も考えずにただ待っていれば、アストラル界から集団で迎えが来ます。そのときにはちゃんと、「自分はなぜあなたを迎えに来たか」「どういう役割か」を言ってくれますし、「あなたの人生はどんな人生だったのか」、安心感を与えるようなことを言ってくれたりします。

光としてやってくることもあれば、時として人の形をして見せてくれることも、もちろんあります。そこで救出されてアストラルに連れていかれたときも、人生をレビューするプロセスはありますが、怖い思いをすることはいっさいありません。

でも、せっかく迎えが来ても、怖がる人が多いのです。

生きているときに、「あまり幸せになりたくない、なるのが怖い」とかそういうふうに思っていると危険です。その光が身に余ると感じるようで、すごく畏敬の念を感じたり、ついて行ったらバチが当たるのではないかとか、いろいろ想像してしまうようです。

もちろん、すべての人たちは一刻も早く幽界を抜けて、アストラル界に行く必要がありますす。それはみなさん自身のためでもありますが、マスターソウルのためでもあり、また地球の進化のためにも必要です。

魂が幽界から救出されると、前述のように、アストラル界の上の層でリハビリをして、地球的な評価や比較の概念がどんどんなくなっていきます。

その状態でこの人生を振り返るのです。人として見るのではなく、魂としての立場で「この人生はどうだったか」を見ないと意味がないわけです。元の中立な、魂としての霊的な視点でこの人生を振り返ってみると「こんなことをしてこれだけ成長できた」「これだけ情報を洗練させることができた」というふうに思えます。

それをさらに、マスターソウルに報告します。マスターソウルとしての意識から振り返ると、マスターソウル全体の課題に対してどれだけ貢献したか、また、新しい可能性がどれだけ広がったかという部分を見てゆきます。

新しい課題を増やしたことは、地球会社なら迷惑がられ、怒られるかもしれませんが、霊的な世界では「こんなに可能性が広がった」という見方をするので、とても喜ばれます。ゲームが余計面白くなったという感覚です。

地球人としての意識を引きずったままで人生を振り返る場合といかに違うか、わかっていただけると思います。

その後は、多くの魂は、次に何をやるかを考えるために次の段階に行きます。マスターソウルの中で、新しい可能性を発展させるために何が必要かを考える専門のエキスパートのような部署があります。客観的な、魂をもたない「意識そのもの」がいる場所があって、何をすべきか相談に乗ってくれます。

そして、魂が次に生まれてくるときには、「新品」の状態になります。

輪廻のしくみから抜け出す方法

現状として地球人が死後にたどるべき最善のルートは、「幽界をすり抜け↓アストラル界でリハビリ・研修↓マスターソウルに戻って次の可能性を模索↓地球以外の惑星やエリアに生まれる。もしくは新しい次元の地球に生まれる」というものです。この場合は次にどこに生まれたとしても「転生」といわれます。

でも現実には、地球人は死後、ごく稀なケース以外は、いまだに輪廻コースを選択してしまいます。

輪廻を繰り返している人の一番の特徴として挙げられることは、魂の記憶がないことです。

一方、転生した人には魂の記憶がちゃんとあります。自分が宇宙の中で何者であるのか、何のためにそこに生まれてきたのかを知っています。そうでなければ意地悪ゲームのような話で、変だと思いませんか?

ですから、地球人以外の生命たちは、どの世界から何をしにきたか、どんな才能があるか、たとえば自分はエンジニアなのか芸術家なのか、そういうことも全部わかって生まれます。

地球人も、最初に来たときはみんな知っていたはずですが、何度も輪廻して魂がすっかり劣化してしまったために、痴呆症のように忘れてしまうのです。

そして、死んで幽界に行くと、自分が創り出した裁く存在（閻魔様や神様）、天国、地獄などのトラップに引っかかってしまう人がほとんどです。

以前は幽界のトラップが強力で、それこそハエ取り紙のようにくっついてしまって出られないような状態でした。

たとえば、地球に何かの探索にきた地球外生命たちも、以前は幽界にはまってしまって、仲間の所に還れなくなることがたくさんありました。さらに、その彼らを助けにきた地球外生命が還れなくなる例も非常に多かったのです。

でも、今は宇宙から干渉が入り、幽界をなくそうという活動がアインソフによって進められてきました。

地球が流刑地としての役目を終えたとき、すでに幽界を機能させている装置を見つけ出し、取り壊しの作業に取りかかり始めましたが、思ったよりも手の込んだことになっていたために、完全に撤去することができませんでした。でも、3年ほど前から再びアインソフによって作業が進められ、一番大きな装置がやっと撤去された段階です。

その装置の一部は火星に付いていました。一番大きな装置はかなり離れたところに付いていたようですが、報告を受けていないのでどこにあったかはわかりませんが、無効な状態にはなっています。あとは、小さい装置が地球上にもたくさんあって、それはまだ残っています。

幽界がいつ消滅するかまだはっきりとは言えませんが、おそらく2030年頃からでしょう。今の時点で幽界は完全に消えてはいませんが、通り抜けていく方法はすでにあります。まずは、生きている間に大きく価値観を変え、すり込まれてきた偏った概念を捨てておくことが最も重要です。そして、「死んだら地獄に行く」とか「死んだら自分も幽霊になる」などと考えることはやめることです。

死んだらどうなるのか?

たとえば自分が今ここで死んだら、どういう情景を見てどうなっていくのだろう。そんな疑問をもつことは、誰でもありますよね。

たいがいの方は、いったん真っ暗な闇の中に浮かぶことが多いです。

でも、しばらくこちらの世界にとどまって、残された家族の姿や自分のお葬式を見られる人もたくさんいます。

死んだ後に見る光景や、この世を本当に離れるタイミングには個人差があるので、いちがいに「こうなる」とはいえません。

7〜10日ぐらい家族のそばを離れない人もいますし、天涯孤独だった場合などは、すっと別の次元に行く人もいます。

残してきたのが心配でたまらないような家族がいれば、なかなかこの世から離れられません。

未練を残して亡くなる方でも、死ぬ前に一回人生を振り返るとだいぶ違うのです。

客観的に自分を見て、とくに死期が迫ってくると、何割かの部分が人間ではない状態になるので、少し広く視野をもって自分の人生を見ることができるようになります。

この人生が何のためにあったのか、どこかでぼんやりとわかっています。

看取る人が、それを本人の中から引き出してあげると、幽界からスッとアストラル界に行かれるのですが、小さいお子さんを残していく方などは気になることがたくさんあるでしょうから、もしかしたら先へ行けずに幽界にとどまってしまう可能性もあります。

老衰で亡くなった方なら、家族も一人前になっていたりして、多少いろいろな心配はあっても「もうそれは彼らの問題」と思えたりもするので、わりとスッと行かれますし、人生がくやしくてたまらないような人は、なかなか難しいかもしれません。

しかし、覚えておいていただきたいのは、どんなに無念な亡くなり方をしたとしても、それも霊的な視点で見れば完璧なのです。ですから、もし亡くなる前に、自分の無念な死にさえ重要な意味があることを受け入れることができれば、亡くなる前の苦しみも軽減し、幽界をスムーズに通過して、アストラル界に行ける可能性が非常に高くなります。

いったん体から抜けたあとは、それをすぐ認知できる人とできない人がいます。

とくに突発的な事故だった場合は、死んだのがいつなのか自分で全然わからない場合もよくあります。「3・11で亡くなった方の幽霊を見た」という話はよく聞きます。そうやって、体をもたないエネルギー体としてとどまってしまうこともあります。

幽界の場合は真っ暗ではなく、死んだらこういうものが見えると人から聞いていたものや、自分が「ある」と思っていたものを見ます。三途の川とかお花畑とかが見えるわけです。

そういうものが見えても、そこに動じないでそのままじっとしていると、次は真っ暗な世界に入っていけるかもしれません。

アストラル界からお迎えがやってくる

その真っ暗な世界は、アストラル界からの迎えを待つ場所です。そこに入っていかないとお迎えが認識できないのです。

もし、そこに、亡くなったあなたのお祖母さんがニコニコしながら現れたら、そのお祖母さんに「あなたはどうしてここにいるのか？」と聞いてください。

本当のアストラル界から迎えが来た場合には、まったく不安感がなく、自分が人間としての意識をひと皮、脱ぐ感覚になります。

そのときに、自分が死んだのか生きているのかわからなくなるくらい、しっかりアストラルボディーがあります。死んだ直後には、一度は体がないような感覚になり、そのときに、人格を脱ぐような感じになりますが、ここでは再び別のボディーをもつことになります。

そうなれると、何の迷いもなく、光のトンネルみたいなところを通ってアストラルの世界へ行けると思います。

お迎えはだいたい人の形ではなく光としてやってくるのですが、幽界に地球人を迎えにきてくれる場合、幽界は暗い場所ではないので、認識できるように人の形をとって迎えにきます。ところが、自分の概念が作り出した幽界の「神様」や「ご先祖様」も人の姿をしているので、そこが紛らわしいのです。

だからいったん、自分の意識で「この世界にいたことを忘れよう、終わりにしよう」という感覚がないと、暗闇に入れないかもしれません。ほとんどの人が暗闇を「こわい」と思ってしまうのです。

でも、私たちが生まれてきたのも闇＝voidからです。

生きている間は、自分には欠点もあり、過ちも犯したかもしれません。不本意ながら嘘をついたり、人をだましたこともあるかもしれません。亡くなるとそういうことばかり思い出すのです。そして、何か裁きがあるのではないかとドキドキするのです。

そうでなく、自分の人生を誇りに思うことができ、「ベストを尽くした。私はやり尽くした」と毅然としていられると、突然、暗闇に飲まれます。

そして次の行き先であるアストラル界が見えてきます。

何が起きても「これでいいんだ」と思える生き方をしよう

「ベストを尽くした誇りをもつ」という話が出ましたが、そのテーマに関して、私にとってすごく印象に残っている話があります。

大学のときの恩師が、それは素晴らしい先生でした。

その先生は仙台出身で、仙台で一番優秀な高校のボート部の部員だったそうです。そのボート部の同期全員で一緒に東大へ行こうと約束をして、全員がすごく勉強していたらしいです。そのグループの中で恩師は優秀で、1、2番の成績だったのですが、不思議なことに、受験ではその先生だけが落ちたのです。

まだ若いですし、これからみんなで一緒に東大のボート部で頑張ろうと思っていたのでものすごくショックを受けて、強烈な喪失感と、猛烈な孤独感に襲われたと話してくださいました。仲間を全員失って、ひとりで別の大学へ行くことになれば誰でもがそういう思いをするでしょうね。

それで先生は一橋大学に入学したのですが、その年に、さらにありえないような出来事が起こります。1年生の夏休みの合宿で、東大のボート部が全員遭難して亡くなったのです。

そのときに2度目のショックを受けるわけです。

先生は「人が生きるって、いったい何だろう」と考えました。そして、「私だけが生き残ったということは、生きて何かやらなければいけないことがあるのだろう」と思い至り、それから一瞬でも無駄にすまいと何事にも一生懸命になったそうです。

自分がやらなければいけないこと、それが何なのかを見つけなければならない。これは明らかに何か目に見えない力が働いているのではないか、と。

恩師は生徒のために全力を尽くした先生でした。私立の一貫校でしたが、小学生から大学生まで生徒全員の名前と誕生日を憶えていて、勉強が苦手で進学への意欲のなかった生徒が「写真なら学んでみたい」と言えば、海外のしかるべき学校を調べ上げ、自ら推薦の手紙を何通も書いて入学をサポートしました。その生徒は結局ニューヨークへ行き、今では素晴らしいカメラマンになっています。

ご専門が仏教哲学で、その半生がNHKのドラマにもなったくらいの方で、かつて教育界では知らない人がいないというくらい著名な先生でした。

「東大に行こうとして行けなかったときは自己嫌悪に陥ったし、本当に苦しかったけれど、その夏の出来事で自分の人生はすごく大きく変わったので、亡くなった仲間の分まで生きよう、死んだときに、亡くなった仲間たちに胸を張って顔を合わせられる人生にしようと思った」とのこと。

人生の結果は、そのときだけを見てもわかりません。人生の最後の最後にならないとわからないことも、たくさんあります。ですから、何が起きても「これでいいんだ」と自分を許すことはすごく大事だと思うのです。

そういう生き方ができた人は、死後も幽界にとどまることはなく、アストラル界からのお迎えによって次の世界へ行くことができるはずです。

池川まとめ

私たちが亡くなった後、魂が本来還るべきマスターソウルへ還るための中継地点としてアストラル界があり、その低層に幽界があること、また、それぞれがどんな世界なのかをかなり具体的に語っていただきました。

ただ、ほとんどの地球人は幽界と地球の間で輪廻を繰り返し、マスターソウルに還れないでいるというのは残念なことです。

その理由は第1章にもあった通り、ある時期まで地球がある宇宙文明の流刑地として利用されていたためで、その影響がいまだに続いているというわけです。

でも、宇宙人類から、すでに救いの手がさしのべられているとのこと。その導きに従ってマスターソウルに還るには、私たち自身が幽界の罠にはまらない知恵を身につけることです。

第4章

輪廻がこんな問題をもたらしている

前世の記憶は水に宿る

もし人を「肉体をもっている状態」と「そうでない状態」に分けるとしたら、人は魂の記憶と肉体の記憶、両方をもっていることになります。

肉体として生きている場合に、たとえば恐竜時代とかの記憶があるのかというと、3歳からおそらく5、6歳ぐらいまではあるようです。本人に記憶しているという自覚はないのですが、工作をさせたりすると、進化をさかのぼって時系列で順番に作る子がいます。

人間の知覚できる範囲というのは、PCと同じように、そこが普段一番稼働している場所なので、そこにデータをたくさん保存してしまうと動きが悪くなります。そこで、普段使わない記憶は一番遠い所、PCでいえば外付けディスクとかにしまってあるイメージです。

小さい子供はこの人生での記憶があまりないので、大人になると遠くへ押しやってしまう恐竜時代や石器時代の記憶が、まだ手前の方にあります。だからすぐに思い出せるのです。現世での記憶が増えてくるとだんだん押しやられていきます。

退行催眠などで出てくるのも魂の記憶ですが、魂の記憶は、大抵の場合は肉体が連動しています。たとえば細胞1個1個にも記憶があります。

なぜなら、細胞の中身が水だからです。

情報を記憶できるのは全部水なのです。その水はもちろん液体とは限りません。

昔から、それを知っていて利用している人たちもいます。

たとえば、陰陽師《おんみょうじ》もすごく水を使いますし、沖縄地方のノロやユタといわれる神官や巫女《みこ》も、水を使います。あの人たちが霊的な仕事をする場には、岩から水がポタポタ落ちてきたものをためられるような、桶状のものがあります。それは水の情報を取っていたのです。

お腹の赤ちゃんがお母さんの思いを憶えている理由

母親と子供も羊水でつながっています。

精神状態も情報のひとつなので、お母さんが思ったり考えたりすることが、羊水の水に影響しているはずです。赤ちゃんの細胞の水と羊水の水はリンクしているので、お母さんの思考グセみたいなものが、嫌でも赤ちゃんにもすり込まれてしまうことは十分に考えられます。

ですから、とくに妊娠中はお母さんが意識的に楽しいことやうれしいことをイメージすることが大事です。

池川　私が医者になった昭和54年当時、すでに「最近の若い人の羊水は汚い」と言っている助産師さんがいました。ドブのような臭いがしたり、シャンプーの匂いがしたりする人も、時々おられます。それは生活用品の化学物質や、お母さんがためたストレスが原因です。それに加えて、お母さんの生きづらさや怒りなどの感情も、子供たちにすごく影響すると言われています。そういう目線で見て、羊水に情報があるとすると、お母さんの全人生が記録されて赤ちゃんに伝わるのではないかと思います。

流産した子はどうかというと、お母さんが感じていたことを魂の記憶として幽界にもっていくと思います。

池川　以前、流産した子にダウジングという手法で聞いたことがあります。まだ子宮内にいて、心臓が止まっている稽留流産の赤ちゃんでしたが、その子に「お母さんが五感で感じたものを向こうにもっていけるか」と聞いたら「イエス」と出ました。

生まれ変わってまた同じお母さんのところへ来ることもありますが、その魂が前回と必ずしも同じ魂とはいえません。

もし同じ魂で、同じ母親の元へ生まれるようにコントロールされて生まれてくるとすれば、輪廻コースですね。

マスターソウルからやってくる転生コースの場合は、赤ちゃんは、ソウルグループの自分の仲間をお母さんとして選んでいることが多いと思います。そして共同作業のように経験を共有します。でもその場合は、58ページで述べたマスターソウルからもってくる情報を自分で自由に選んでいます。なので、「同じ情報でないといけない」とかの制限はありません。

輪廻が引き起こす性同一性障害

今年の初めに、地球人の性についてフィードバックする任務をもっていたアインソフメンバーのひとり（メンバー53名のうち）が、新しくコンタクトしてきました。

そのメンバーは、今は地球人ではない人でした。その人は元旦と2日にわかりやすく、女性的な感じで語りかけてきました。というのは、その人が最初に地球人になったときに女性だったからです。

その人は、自分のミッションのためにものすごく特異な経験をした人でした。

『リリーのすべて』（The Danish Girl）という映画をご存じでしょうか。トランスジェンダーの話で、私はそういうタイプの映画を観ることはないのですが、なぜかそれは観たことがありました。

世界で最初に性転換手術を受けて亡くなった男性の実話が元になっています。彼は子供のときに、女性としての心理状態で男性を好きになって父に怒られた経験があり、それで自分は男として生きねばと思い直し、女性と結婚しました。その時点では何も問題なく、仲の良い夫婦でした。

夫婦ともに画家でしたが、あるとき、奥さんの絵のモデルをしていた女性が帰ってしまったので、彼が頼まれてモデルの代わりに女装しました。

すると、女性の心に戻ってしまってブレーキが利かなくなり、どんどん女性になってしまったのです。

映画を観たのは前だったので忘れていましたが、そのアインソフのメンバーから、「私は地球人で女性だったことがあるの」と言われたときに、すぐ彼女の名前がわかったのです。

「ゲルダね、ちょっと待って、ゲルダってもしかしたら……」そう言ったら、「そう、あなたが思い出そうとしているその人よ」と言われました。

ゲルダは、その性転換手術をした男性の奥さんの名前なのです。

彼女は、その人の人生を生きることによって地球上の性のトラブルがどう進行しているかをずっとリサーチして、その後も何回か地球人として生きていたのです。

その頃の地球は、1回生まれてくると、彼らでもやはり輪廻の輪に入り、抜けるのは厳しかったのです。それも覚悟の上で来た彼女は非常に勇敢で、すごく頭のいい実力者だと思います。

人間を何回か経験しているので人の心理も熟知していて、私にどう受け取られるかを計算した上で話しかけてきました。

そして、何回か彼女とコンタクトしているうちに、怒濤《どとう》のように情報が挿入されてきました。私としては「思い出した」という感覚なのですが、「私たち、なんてひどいことを経験しているんだろう」と、すごくショックを受けたのです。

今、性同一性障害の問題を抱えた人が多いですね。

それも、輪廻が引き起こしている問題のひとつなのです。

何度も女性として生まれてきた後に突然男性として生まれてくると、男性であることが受け入れられないとか、そういう問題が出てくるわけです。

ちゃんと転生していれば、つまり魂がマスターソウルに還ってそこから生まれることができていれば、女性だった魂も、厳選した情報だけをもって生まれてくることができます。それなら、「自分が男でなければならない理由」も自覚して生まれてくるので、そういう問題はいっさい起きないのです。

でも、ここで輪廻を繰り返して「女、女、女……」と人生をやって、突然アクシデントのように男に生まれ変わると、どうしていいかわからないのです。

本来は、生まれてくるときに自分で性別も選択できるはずなのですが、転生の場合のようにちゃんと魂をリセットして生まれてくることができないので、「お腹の中で10ヶ月女のつもりで過ごしていたのに、出てきたら突然男の扱いをされた」とか、そういったことが起きるのです。

私にコンタクトしてきた彼女の報告によると、「それは輪廻によって起きている大きな問題だ」ということでした。

出産をするのは地球人だけ?!

私が、アインソフのメンバーであるゲルダとやりとりをしていて思い出し、ショックを受けたことは、他にもありました。

子供を出産する人類は、地球人類だけなのです。

他の宇宙人類にももちろん性別はあります。男女の区別があるのは、男性性エネルギーと女性性エネルギーが、エネルギーの質として明確に分かれているからです。

地球人類の女性だけが、痛みや命のリスクを伴って出産します。

聖書の中にもアダムとイブが知恵の実を食べて楽園を追放されるときに、女性は一生産みの苦しみを味わうことになり、男性は一生働かなければ食い扶持《ぶち》を得られないことを課す、とあります。

「地球人の生活はまさにそれじゃない！」と思いました。

これには、これまで地球に干渉してきた地球外生命たちの、「地球人を使いやすくするために原始的なレベルにとどめておきたい」という意図が働いています。

地球人類とルックス的には瓜二つの宇宙人類や、我々とまったく同じ遺伝子と形態と脳をもっている宇宙生まれ宇宙育ちの地球人もいます。

でも、そういう人たちは体外受精です。それも遠隔で、意識だけで子供を作ります。マリアがキリストを産んだのもその方法です。彼女は地球人でしたが、彼女を身ごもらせた父親は宇宙人でした。

池川　私も、今日（2017年7月3日）、「私はセックスなしで子供が生まれました」と

いう人に会いました。最近よく聞く話で、この話を聞いたのはこれで4人目です。

宇宙人類では、子供はみんなの子供

私たちと同じ形状の他の宇宙人類は、セックスはありますが、それによって出産させることはしません。女性にも赤ちゃんにもリスクがあるので、そういう無駄なプロセスはたどりません。

宇宙人にとってのセックスは、コミュニケーションと情報交換です。唾液や精液を通して、情報を完全にフルに相手に挿入します。

羊水の中に受精した卵子を入れて育てているのです。試験管ベビーがもっと高度になったような感じです。映画『マトリックス』の世界そのもので、あれは絶対にあらゆることを知っている人が作った映画です。

それが寂しいといった感覚は宇宙人にはありません。むしろ変な執着がなくて、「わが子」と「他人の子」を分けたりしません。みんなにとってみんなが子供、女性は全員母親、男性は全員父親という感覚です。

最初の人類、ライラ人（リラ人）たちには、そもそも所有という概念がないので、誰かの妻や、誰かの夫という概念もありませんでした。

地球にも、「誰かの妻、誰かの夫、誰かの子供」といった概念がない例はあります。ポリネシアンやタヒチの人々なども、フランス領になる前はずっと婚姻制度がなく、戸籍を作るのが大変だったらしいです。子供は、自分の母親はわかるけれど父親がわからないのです。だからといって殺伐とした感じや機械的な感じはなく、全体がアットホームな感じです。

でもそれらは例外で、地球では、男女や親子の関係においても所有の概念に縛られているのが一般的です。

なぜ私たちには魂の記憶がないのか？

魂の記憶がない。

幽界と地球の間を行き来して、マスターソウルの元へ還れない。

輪廻における前世の記憶をクリアにすることができないので、性同一性障害などの弊害が出ている。

これらはすべて、輪廻が地球人にもたらしている問題です。

では、輪廻している人たちはなぜ魂の記憶がないのかというと、昔の地球人は、魂の状態で幽界の管理者に虐待を受けて、記憶を消されていたのです。

幽界は流刑地で、彼らを追放した文明社会が、罪人が元の場所に戻ってこないように作った所なので、そこでコントロールしやすいように洗脳を受けて、魂がもっていた情報が深層部分に押しやられ、思い出せないようにされているのです。

そこではアストラル界で行われているような死後のリハビリもないし、マスターソウルで魂をリニューアルすることもできません。

そのため、ずっと同じ衣をまとっていると擦り切れてしまうように、魂が劣化してしまうのです。

池川　生まれたときの記憶が消えるのは、医学的には、出産時の母親のオキシトシンの分泌や、低酸素状態、脱水状態、コルチゾールなどが関係しているといわれています。と

くにコルチゾールはネガティブな記憶を消すといわれています。また、カレーに入っているターメリックなども嫌な記憶を消すといわれています。そういういろいろな要因があって、総合的に記憶が消えたり残ったりするのだろうと説明されてきました。

しかし、私が1600名の人の胎内記憶を調べたデータでは、オキシトシンの有無が関係している陣痛の違いを調べても、胎内記憶があるかどうかの差が出てこないのです。単純にホルモンで説明することはできません。

輪廻して生まれてきた赤ちゃんで、生まれる前の記憶をもって生まれてくる子はいっぱいいると思います。でも、それはあくまでも「幽界で何が行われているか」という記憶なのです。

今現在の子供たちは、当時のように幽界で洗脳を受けて、間違った記憶に入れ替えられているということはあまりないと思います。ブッダが生まれる直前ぐらいには、幽界の管理者たちにそのような権限がなくなったからです。

ただし、幽界はまだ歴然とありますし、幽界の管理者も行き場がなくて、そこにまだ残っています。

幽界の管理者たちも、巨大文明に所属していた魂です。

その人たちは、昔はローテーションで、地球でこの世の支配者たちをやり、幽界の管理者もやる、というふうになっていました。でも今はそのローテーションがありません。一度この世で支配者をやると、気持ちいいからやめたくないのです。ですからその人たちは、今でもずっと地球上に君臨しています。

というわけで、幽界の記憶のある子供たちが「神様」と認識しているのは、実は幽界の管理者たちのことです。

そこで温かい光に包まれたりするのも、魂をこわがらせると面倒くさいからです。亡くなったときはもう子供ではないし、魂に反乱を起こされても困るので、そういう演出をするのです。しかも、神々しい存在に見せると崇拝してくれて気持ちいいし、洗脳しやすいというメリットがあります。

ですから、幽界で神のような存在に出会っても無条件に従わないことです。相手に、自分は誰なのかを名乗るように求めてください。

「宇宙から来た」という子供たち

私の娘は小学校6年のとき、「どうしてそういうことを知っているの?」と思うようなことをしゃべり始めました。

誰も知らない地球の歴史で、私が知っているようなことを、聞きもしないのにペラペラしゃべりだしたのです。「なんで知っているの?」と聞くと「当たり前じゃない、私は情報の管理者なんだから」と言うのです。

地球でいえば図書館の本を管理するような、情報を管理する任務をずっとやっていたのだと言っていました。

彼女には宇宙の記憶が残っていたようです。

池川 昔は空の上に行った記憶のある人は多くて、宇宙から来たという話はほとんどありませんでした。でも最近は、空でなく宇宙から来たと言う子ばかりです。子供が変わってきたのでしょうか。記憶を忘れずに地球を救いにきたと、生まれてきた目的を普通に言うのです。

今は宇宙から直接地球に生まれてくる子供たちもいるので、これからその割合をもっと増やしていく必要があります。

今生きている人で、輪廻の輪の中にいる人たちの意識を改革するのは、時間がかかりすぎて難しいからです。

「地球の一員」そして「宇宙の一員」となろう

地球人の意識改革が必要な理由は、前にも少しお話ししましたが、地球が今「鎖国状態」だからです。これはまずい状態で、オープンにしていかないとこの銀河全体がブラックホール化してしまう可能性があるのです。

どういうことかというと、がん細胞は周囲をブロックしていますよね。

今の地球はあれと同じ状態なのです。

それがあるとき周囲との情報交換が起きると、「あれ、自分は他と違うじゃないか」

と気づき、アポトーシス（個体全体を保つために自殺的に細胞が死ぬしくみ）が働きます。しかし、もし周囲とつながりがもてず、情報交換できなければ、がんが進行して、周囲の細胞までもがん化してゆく可能性が出てきます。

地球は今孤独ながん細胞の状態ですから、このまま行くと周囲も巻き込んでブラックホール化してしまうのです。

それを防ぐには、「つながりをもつ」ということが一番大事です。

「幽界を消滅させよう」という動きはもう始まっていますが、ただし、人間の意識が、求められるレベルにまだ達していません。

前述のように、地球人である前に、「宇宙の一員」という認識をもって生きている人はほとんどいません。宇宙どころか、地球の一員と思っている人もあまりいませんし、下手をすると「渋谷区の住人」程度の狭い認識しかなかったりします。

私のビジネスパートナーと話をしていたら、

「百数十年前までの日本では、隣の県同士で戦うことが普通に起きていて、日本人同士で殺し合っていた。それからたかだか100年で日本が世界と戦うことなど、その当時の人たちは思っていなかった。日本が統一されるなんて、その当時の人たちは考えたこともなかったかもしれない。それがあっという間に日本という国ができて、今は隣の県と戦争するなどありえない。ということは、地球も、あっという間にひとつになるかもしれない」

そう語っていました。とてもいい発想だと思いました。

テクノロジーが発達していくと、地球はどんどん狭くなりますね。政府同士が対立し合っても、個人同士が仲良くしていれば、「こいつを殺したくないから」となって、戦争など誰も行きません。

そういうつながりの感覚を、地球人はもっと育てていく必要がありますね。

魂の劣化が少ない人のタイプ

地球人は輪廻を繰り返しているために、魂がリニューアルされずに傷んでいる人が多いのですが、その劣化の程度には個人差があります。

幽界で普通の囚人に付く下っ端の管理者は、囚人を乱暴に扱いがちですし、自分の気分で虐待したりします。

そういう末端の仕事に望んで就く人はいないわけで、彼らにとって幽界で管理の仕事などさせられているのは面白くないのです。

昔、強制収容所に入れられた人の一部が管理者に回ると、敵方より平気でひどいことをしたのと同じような感じです。

この世界の宇宙人も地球人も、同じ人類なら元々そんなに差はないのです。

地球人は、元々彼らの遺伝子を分けられて生まれていますし、けっこうアグレッシブな地球外生命の遺伝子も入れられてしまっているので、やはり自制心が弱いと暴発してしまったりします。

そういう経緯から管理者に痛めつけられた人の魂は、やはり、その分劣化してしまいます。

でも、囚人として送り込まれてきた人の中には確かに極悪人もいますが、逆に悪いことはせず、宇宙の特権階級にとって都合の悪い、世の中をフェアにするための研究開発などをした人たちも、一緒に投獄されています。

そういう人たちは、その他大勢とは違う扱いを受けています。

彼らはものすごく頭がいいし、どうにかして幽界を抜け出てしまうかもしれません。

特別に待遇のよい施設に入れられたりしていて、チンピラのような管理人にやたらと虐待させたりはしていないのです。

たとえば田中角栄さんなどもそうですが、国のトップにいるような人が投獄されるのと、殺人事件などを起こした犯罪者が投獄されるのとはわけが違いますね。

そういう人たちに関しては、対応する管理者もそれ相応の人が付きます。

ですから、劣化が比較的少ない魂もいます。

そうすると、輪廻していても自分は元々科学者だったことを憶えていて、生まれるたびに何度も科学者になります。そして、より進化した文明に必要な科学技術を開発するためにトライしている人たちもいます。

その典型、「この人は絶対そうだ」と思う人のひとりが、天才科学者ニコラ・テスラ（1856－1943年）です。この人は宇宙にいたときも、ものすごくやっかまれていて、とうとう幽界に送り込まれてしまったのです。

彼は、地球の磁場と電気振動を共鳴させることで、空間から無限にエネルギーを取り出せるフリーエネルギーを開発したのをはじめ、交流電流やラジオ、ラジコンなどさまざまな発明をしたことで知られていますが、フリーエネルギーの研究は突然資金を断たれてつぶされてしまいました。

また、彼はタイムトラベルの開発プロジェクトも指揮した人です。なぜタイムトラベルをやったかというと、たとえば競馬は、タイムトラベルすればどれが勝ち馬券がわかりますが、「そのしくみを、お金をもっていない人が使えれば、世の中に公平さを取り戻せる」という発想です。

ところが、それを反対側の権力者たちが使うことになって、貧困層には何もいいことがなく、その代わりどんどん格差が開いていくという、まずいことに利用されてしまったのです。

そんなふうに魂の記憶のある人たちは、たくさんいると思います。もしかしたらアインシュタインもそうかもしれません。

魂の記憶のある人と記憶がない人の違いは、魂が劣化して傷つけられてこわれてしまっているかどうかという点と、あとは元々の知覚力や認識力です。

極悪非道なことをして送り込まれた人たちと違い、頭のよかった人たちの魂は、魂としても優秀だったので、自分をマネジメントする力があります。

それでも、肉体に入ると肉体の脳の信号などに支配されますが、そこに不釣り合いな魂が入ってきたらどうなると思いますか？

ホーキング博士などは、魂と肉体がアンバランスになっている典型です。

いわば刑務所である地球で宇宙物理学をやっても、そもそもナンセンスなのですが、魂があきらめられないのです。

「何とかここを解放してみんなで宇宙を目指さなければだめだ」とわかっている魂で、だから理論物理学者をやっているのでしょう。でも、幽界の管理者に、思い通りに動かすことができない不自由な肉体を得るような状況に追い込まれたのだと思います。

池川　先日メールをもらったのですが、小学校に入る前の幼稚園の子がお産の絵を描くのだそうです。そして、「しきゅう」とか「さんどう」とか、大人の言葉で絵に解説をつけるのだそうです。そんなしくみや言葉をなぜ知っているのか不思議です。それ以上に、そういうことを覚えている子と覚えていない子がいるのが不思議だったのですが、幽界でどう扱われたかが関係していたのですね。

生きているうちに何をすべきか？

もし魂の劣化が進んで、ほとんど消えてしまうほどボロボロになったとしたら、そもそも生まれてくることができません。

ここにこうして生まれている以上は、私たちは何とかもちこたえているのです。

人類は、マスターソウルの中に一度戻ればニュートラルな状態を取り戻せますから、いわば死ぬときが勝負です。

あの世には神様がいるというイメージがあって「天国へ行くんだ」などと思っていると、幽界の管理者の罠にはまってしまいます。

生きている間に、そういう余計な概念を排除していくことが大切です。

その意味で宗教をやっている人はすごく厄介です。日本人は特定の宗教にはまっている人が比較的少ないので、むしろ縛られない人が多いかもしれませんが。

でも、アインソフは一部の地球人ではなく全員が宇宙に還るのを望んでいます。本人が抵抗している限りは無理なのですが、アインソフは幽界にずっととどまっている幽霊たちも説得して連れていく活動をしています。

アインソフは、まず海底から着手し始めました。

船が沈んで亡くなり、海底をさまよっているたくさんの幽霊から救おうとしたのです。たとえば戦艦が沈んで亡くなった人や、バイキングや、嵐に飲まれた沈没船に乗っていた幽霊たちを拾い上げています。

でも、大軍を率いていた日本軍の将校たちは、「俺は部下を置いては行けない！」と、頑として説得に応じないようです。死んでもずっと戦っている状態で、戦争は終わったと言っても「貴様、何を言う！」と言って信じてくれないようです。

生きている人たちの場合も、「みんな意識を変えましょう」と言ってもなかなか難しいものです。変われるのは全体の20〜30パーセントでしょう。

生きているうちにどうしても変われない人も、幽界に行ってからアストラル界に行けるチャンスもあるので、そこに望みを託すしかないかなと思うこともあります。

生まれ変わるチャンスすらない魂がいっぱい

今、幽界には非常にたくさんの人たちがいます。

1万年以上の間に、宇宙のほぼ83パーセントを制覇した一大勢力の中の危険因子が全部地球に送り込まれたのですから、とんでもない数です。

とくに幽界の低層はすし詰め状態です。それこそ、横になって寝ることもできないくらい混んでいて、その人たちには輪廻するチャンスすらありません。生まれ変わることができずにそこにとどまるしかなくて、墓場のようになっています。本当にひどい状態です。

そして、地球上で優秀な人たちが増えすぎたりすると、地球を牛耳っている権利者（昔は幽界の管理者もやっていて、地球に生まれた人）たちが困るので、幽界ですし詰めになっている人たちを「暴れてこい」と地球に放します。

時々とんでもない犯罪者などが出てきますが、そういう人たちや、戦闘やテロに明け暮れるアルカイダや、自爆テロをやったりするのもそういう人たちだと思います。

彼らは、死んだ後パラダイスが待っていると洗脳されているのです。実際にそうやって自爆テロなどをすると、幽界に戻ったときにすし詰め状態から抜け出して輪廻のサイクルに入れてもらえるのかもしれません。

そして今、輪廻している魂とは別に、宇宙から直接送り込まれてくる子供たちがいます。彼らには宇宙の記憶が残っていて、また宇宙に戻ることができます。

ただ、この地球に生まれてくるとあまりにも別世界なので、クリアな意識を保つことは難しいです。ここの習慣や記憶の認識の違いがありすぎるので、そこを擦り合わせるために、この次元のこの社会について学ばないといけません。

そういう子に対しては、親やまわりの大人も、押しつけではなく、「ここではこうなんだよ」「いきなりそういう発言すると生きづらいよ」とか、そういうことを教えてあげないといけないと思います。

彼らは、そうやって地球に慣れる期間は、自分がもっている記憶の優先順位を下げます。そして、先にこの世的なトレーニングをした後に、必要な分だけ、随時記憶を呼び出しているのです。

前世なんて憶えてなくたっていい！

私の知り合いのアメリカ人は、日本に7年いてまったく日本語が覚えられず、「コンニチハ」と「サヨウナラ」しか言えませんでした。

それがある日、骨董屋の店先で日本刀を見た瞬間、日本語で「俺のだ！」と思ったそうで、それからあっという間に日本語がペラペラになりました。しかも古めかしい日本語を使ったりするのです。「〇〇がうなぎのぼりだから」とか。

彼は魂の記憶を思い出したのです。「絶対自分は日本人だった」と、疑いもなく思っていると言っていました。

彼のように、前世の記憶は、本来は全員にあります。

でも、多くの人は顕在意識にのぼってこないのと、魂が劣化しているために、憶えていないのです。

魂はシャボン玉のような皮膜ですが、中に入った情報はエネルギーですから、そこが機能していないとエネルギーがきちんと循環しなかったりするのです。

皮膜の中での循環がないと、とどまっている水は劣化するのと同じように、エネルギー、つまり記憶している部分は水なので、その流動作用がちゃんと起きないと痴呆症になっていくのです。

一回忘れてしまうと、思い出すのはなかなか難しいです。

人間の脳は、この世で生きていく際に優先順位が低い記憶はどんどん奥に追いやっていくので、それを記憶として認知するには時間がかかります。

でも、私は前世の記憶がそんなに大事だとは思いません。それよりも今が大事です。前世は必ず今の人生に影響を与えているはずなので、どの人も、今世で起きていることは、前世の続きや、前世でできなかったことなのです。

それはマスターソウルからもってくる情報ではなく、幽界のレベルでのひとつ前とか3つ前とかの人生ですから、憶えていてなくてもそんなに問題がないと思います。

元々マスターソウルからもってきた情報は入れ替えられていないはずなので、何度輪廻しても、同じような経験をしているはずです。だから思い出す必要もないのではないでしょうか。

大切なのは、今世で幸せになること

それよりも、今世で自分が幸せになることを追求したほうがいいと思います。過去生にとらわれると「過去生がこうだったからしょうがないじゃないか」という人が多いのです。つまり、幸せになれない言い訳にしてしまいます。

でも、人はちゃんと幸せになれます。幸せになることが大きな目標です。

幸せになるというのは、モノをもつとか、物質的に豊かになることでは達成できません。逆に、モノをもつと、いつかなくなるのではと不安になったりします。

本来は、自分の幸せは自分で体験していくものなので、何が幸せかなどということを人から教わっても意味がないと思います。

でも、あえて言いますと、究極的には、人の幸せは未知を既知とすることです。経験を通して知らなかったことを知り、不可能を可能にすることです。

ですから、幸せをつかむためには、常に好奇心をもって新しいことにチャレンジすることが大事です。

ただ、ほとんどの人は社会意識が優先されるので、「今あるものは失いたくない」ですし、「挑戦なんてもってのほか」と思っている人が多いですね。

でも、今もっているものを大事に抱え続けているのが幸せなのかというと、幸せではないですよね。

所有レースに無意識のうちに参加させられて、ほしくもないものをたくさん買わされたり、お金や地位に固執していろいろなものを犠牲にしたり。

また、お金をいっぱいもらっても使う暇がなかったり、地位を得たつもりが、とんでもなく仕事が忙しく、くたくたに疲れて、何かあったら責任をとらされるというプレッシャーに苛《さいな》まれていたりします。

どうしたらマスターソウルに還れるか？

輪廻から抜け出してマスターソウルに還るためには、生きているうちに「自分の人生に満足している」とか「社会的評価は別として、自分なりにベストを尽くしてきた」とか、「よくやってきた」というふうに、日々思うことが大事です。それが習慣になっていれば、死んだときも同じ態度でいられるからです。

何よりも、生きているときが大切なのです。

生きているときに、「親が悪い」「先生が悪い」「あの人が悪い」と人のせいにするような人生は、自分の力や権威を親や、先生や、あの人に与えてしまっているので、亡くなった後に幽界から抜け出すのが難しくなります。亡くなった後まで人のせいにして恨みつらみが消えず、ずっとその状態が続くかもしれません。

やはり、悔いのない人生にすることが一番大きなポイントだと思います。

この社会では、結果論で評価されたり批判されたりしますが、重要なのは結果ではないのです。自分が失敗したために、人の失敗に寛大になることができたり、自分が受験に失敗したために他の人が入学できたかもしれないし、「何がよかったか」というのは、実際にはわからないことがたくさんありますよね。

どんな人生でも、自分がベストを尽くした結果だと認めることが大切です。

そのためには、亡くなる前に一度自分の人生をレビューするといいのです。

たとえば、高齢の親が死の床についたようなときも、枕元で、振り返りを手伝ってあげましょう。

枕元で「お父さんの人生はどんな人生だった？」「どんなことが楽しかった？」「どんなときつらかった？」「後悔していること何かある？」「やり残したことある？」「自分がえらかったと思ったのはどんなとき？」とか、声をかけます。

返事はなくていいので、質問を投げかけて考える時間をさしあげるわけです。

そうするとスッと逝かれたり、はたとやり残したことに気づいて元気になったりすることがあります。

とくに戦争経験者の方は、いったん元気になったと思ったら「どうしても」と戦友の墓参に行って、帰ってきたらスッと亡くなるとか、そういうことがあるのです。

そうやって心を整理すると、幽界で出会った存在に何か言われても毅然としていられて、「ここは自分がいるべきところではない」とわかったりします。そして、すっとアストラル界に行けて、マスターソウルに還れるのです。

逆に、そこで迷ったり葛藤したりすると、相手にずるずる引っ張られてしまいます。

いいいいいいいいいい人生の振り返りはすごく有益です。残される人にとってもそうですし、不思議なことに、死を前にして苦しんでいた人も肉体的な苦痛が軽くなったりするので、そういう意味でもおすすめしたいです。

そして、たとえ死期が迫っていなくても、自分の人生に納得しながら生きるということが何よりも大切です。

進化に感情のマネジメントが必要なワケ

第1章でもお話ししたように、地球を支配した巨大勢力が現れる前に、地球人はさんざん、いろいろな地球外生命たちに支配されてきました。

地球に興味があり、ここでいろいろなものを繁殖させようとした遺伝子工学や生物学の専門家、その他宇宙のいろいろな科学者たちがやってきてここに実験室を作り、実験してきたのです。

彼らは自分たちの肉体が地球への適応性がなく、代わりに地球人類を自分たちのために働かせたいと考えたので、地球人類の所有権をめぐって争いが起きた時代がありました。

地球人類をうまく使うには、自分と近い部分がないとコミュニケーションをとれないので、元々のオリジナルのホモサピエンス・サピエンスに、おそらく22種類ぐらいの別の地球外生命たちが、自分たちの要素を遺伝子として突っ込んだのです。

その中に、たとえばオリオン系の存在たちがいます。彼らもやはり地球人を都合よく使うために、進化を遅らせようとしました。

自分たちのようなアグレッシブな遺伝子を加えた上に、能力をあまり低下させると死んでしまうので、その代わりに感情的な感受性をバージョンアップさせたりました。つまり、感じやすくさせたわけです。

そうすると、何かあるたびに落ち込んだりして、思い通りに前に進めなくなったりするので、進化を相当遅らせることができます。

ですから、そういう性質をもたされてしまった地球人は、自分の感情のマネジメントを学ばないと、意識を変えて進化していくことができません。感じる力を、感情ではなく感性のほうに使っていくことが必要です。

感情をコントロールする言語化レッスン

感情をマネジメントするには、子供のときからそうした教育を実践するといいと思います。

それには、子供が感じていることを周囲の大人たちが聴いてあげる余裕が必要です。子供に言語化させることが重要なのです。言葉で伝えられないなら、「その通りに絵を描いてごらんなさい」と描かせるのもいいですね。

脳のネットワークを発達させるためには、言語化させることがすごく大事なので、できれば胎教の段階からやると効果的です。

そこで大切なのは、まず、お母さんがきちんとした言葉でしゃべることです。ワンワンとか擬音語で言ってしまう人が多いですが、それはやめたほうがいいです。

私は、私のスクールの生徒さんたちには、今日起きたことをまず時系列順に言語化することをすすめています。

そういうことに苦手意識がある人は、「今日思ったこと」を書こうとすると、思ったことがとりとめなく出てきてしまうので、それはおいておいて、「朝から順番に今日1日のスケジュールを言語化すること」をおすすめしています。

慣れてきたら、そこに起床時の自分の状態なども書き加えていきます。

感情の他に、朝すごく疲れていたとか、さわやかだったとか、勇気がわいてきたとか、そういうことを端的に、簡単な言葉で書いていただいています。ロジック上、単純化することが大切なので、ダラダラ書いてはだめなのです。

お父さんも同じように、スケジュールだけではなく、そのときに思ったこと、感じたことを書いていくといいです。

両親がそれをやっていくと、赤ちゃんも地球のエネルギーを吸収できるようになります。

最初は単純なことでいいのですが、たとえば道端にあじさいを見つけたことや、それを見つけて感じたことなども書いていくといいです。「雨の降る前に土の匂いがした」とか、そういう感覚でキャッチしたことを入れていくのです。

文章はグチャグチャ書かず、正しい日本語で、主語から書いていきます。人に見せる必要はありませんが、なるべく人が読んでもわかるように書いていくことです。

それによって感性を磨くと同時に、ロジックを身につけて感情のコントロールができるようになっていきます。それは地球人類が進化していく上で、とても大切な要素なのです。

池川まとめ

この章は、本書の中でも一番特異な章だったかもしれません。

輪廻を何回も経験した古い魂は、それだけ磨かれている、進化していると考える人も少なくないと思いますが、サアラさんによれば、魂は輪廻を繰り返せば繰り返すほど、どんどん劣化していくというのですから。

また、幽界と地球の間で輪廻を繰り返すと、整理されない魂の情報やカルマを整理されないままもち続けることになり、同じことを延々と繰り返したり、自己認識が混乱したりと、いろいろな問題が起きているようです。

輪廻すること自体が私たちの人生に大きく影を落としているということは、非常にショッキングな情報でした。

第5章
なぜ、この世に生まれてきたのか

一人ひとりに違う目的がある

私たちが生まれてきたのは、一言でいえば「幸せになるため」と考えてください。

それは、探究し、チャレンジし続けることによって可能になります。

宇宙人類と地球人類に共通した目的としては、ヴォイド（空）が潜在的にもっている可能性を探究するということになります。

地球人として幸せになることを求め続けることによって、そのプロセスでたくさんの可能性が開けていく、それも幸せです。

子供の頃、自分が無理だと思っていたことができたら、すごく喜びを感じます。ですから、何に対しても自由に挑戦するチャンスを得て、活用できたりするのはみんなワクワクしますよね。

子供だけではなく、大人も、生きている限りその連続であってほしいです。

魂の大きな目的は一緒でも、その他にもちろん個々が設定した目的があります。

マスターソウルやソウルグループの図（57ページ）にあるような、仮にABC〜XYZと名づけたたくさんの情報は、自分がマスターソウルからもってきた「可能性」で、あれらの要素を組み合わせることで、また新しい可能性が発生するわけです。

その組み合わせは無数にあり、全員が違っています。

それを探究しようとしたら、もちろん動機となる価値観などはみんな違っていてかまいません。それを一律に、型にはめられた金太郎飴みたいにされているので、自分の幸せがわからなくなってしまうのです。

自分を幸せにするためには、「自分を大切にする」「尊重する」ということが大事です。一人ひとりに違う目的があるからこそ、一人ひとりの幸せ観も違うのです。

私自身は、この人生だけではなく、前の人生、その前の人生でもずっと、地球と地球人類が霊的な尊厳を取り戻して、自分の意志で自由に今後の可能性を切り開けるように戻していく、その手伝いをやってきました。

私のマスターソウルも、その上のマスターソウルも、ずっとそれをやってきているのです。

私はその役目を担うためのひとつの魂で、地球に来るからには、必ず転生ではなく輪廻の輪の中に入ってしまうことを覚悟した上で来ました。

ただし、覚悟がある分、みなさんのように記憶を失わずに済んでいて、自分がなぜここにいるかもわかっていますし、誰が仲間なのかもわかっています。その部分はみなさんとは若干違っています。

生まれてきた目的の見つけ方

自分が生まれてきた目的が、「ものすごく大それたミッションを果たすこと」と思う必要はないと思います。

今の自分が思いつく、ちょっとした目標を大事にしてください。

たとえば、「今より楽な仕事をしてもうちょっと稼ぐ」とかでもいいのです。それはプロセスですから、まずそこにチャレンジしてみるといいです。それを達成したらまた次にやりたいことが出てきます。そうやって、やりたいことを自分に与え続けてあげることです。

目的ありきというよりも、自分がやりたいことをやり続けていってください。

お金でたとえると、たとえば今50万円しかもっていない人が次にやりたいことと、今1億円もっている人が次にやりたいことは全然違ってきますよね。

そんなふうに、何かひとつの目標を達成したときに、初めて次の目標が出てくると思います。最初から先を見ようとしても、おそらく見えてきません。

今50万円もっている人が、1億円を求めなくてもいいのです。

50万円もっている人が、「じゃあこれが70万になったらどうだろう」と考えたら、けっこうリアルに考えられるし、楽しいですね。

実際、「50万しかないから新しい車に買い替えられない」という人がいたとしたら、目標はお金ではなくて車でいいわけです。

これはわかりやすいから言っているだけで、単なるたとえです。1億円もっている人の価値観と50万円しかもっていない人の価値観は歴然として違うし、同じものを見ても感覚が全然違いますよね。

だからといっていきなり1億求めなさいという意味ではありません。大きな目的を一足飛びに見つけることはできないと思ってください。

ちょっとでも先に進んだら、今と違った感性、違う考え方をするかもしれません。

それをちょっとずつ実践していくほうがいいということです。

目標に優劣はない

目標の中身としては、それを得ることによって可能性が広がるような目標がいいと思います。目標がゴールにならないようにしましょう。

また、目標に優劣はありません。たとえば、「社会的に貢献できるかどうか」とかはまったく関係ないと思います。

「一生涯宝探しして冒険して歩きたい」でも、「無人島をひとつ手に入れたい」でも、何でもいいと思います。やりたいことを、ブレーキをかけずに自分に与え続けることが大切です。

多くの人は、「目の前にある社会的な責任や片づけるべきタスクを優先させてしまい、やりたいことを後回しにしているうちに人生が半分終わってしまう」みたいなことになっていますが、その優先順位を変えたほうがいいです。

まわりを見ても、意外と、やりたいことをやっている人のほうがお金も儲《もう》かっていますよね。やりたいことのためにお金が必要だと、何となくお金が入ってくるのです。

カルマとは何か？

カルマというものを、恐ろしげなことと思っている人が多いですね。自分が犯した罪をつぐなうことだ、というふうに。

それは、実は違うのです。魂が探究したいと思っている可能性、言い換えれば課題やテーマ、それがカルマです。

ですからほとんどの場合、その人にとってのカルマは、自分が疑問をもっていることと、「なんでなんだろう？」と思うことです。

たとえば、なんでこの社会は不公平なんだろう？　なんで私は自由にならないんだろう？　なんで私の個性は活かしてもらえないんだろう？

そういう「なんで？」と思ったことは、魂が探求しようとしているテーマ、つまり「カルマ」です。そして、そのテーマとなる問題を解決していくとか、突破するとか、解決するための知恵を得るということが、「カルマ清算」です。

目的を設定してそれを達成するためには、必ずカルマが引っかかってくるので、カルマに気づくことができます。「私はこういう課題をもっていたんだ」と。その課題に対して、何か回答を得たり、解決すると、ひとつ目の目的を達成できます。

ですから、カルマを「課題」と置き換えればいいわけです。

あなたが知りたくて知りたくてたまらないこと、それがカルマです。

そして、「カルマを清算しないと天国に行けない」とか、そういうものではありません。

「業を解消するための人生だ」と思っていても、生きていればまた業ができて、全然解消しません。これは魂が輪廻に取り込まれる理由でもあります。

自分が生み出した業とか、その償いができていないとか、そういうところにすごく恐れを抱いてしまうので、幽界で会った神の姿をした管理者に「お前はこれをやらなかった」と突っ込まれたりすると、とたんに弱くなってしまうのです。

でも、実際はその1回の人生で何もかも解消しなくてもいいし、そもそもカルマの中身を選ぶのも自分なのです。

自分で「これについてやってみたい」と、計算して、ゲームのように、「これをクリアしたらこっちのコインをゲットできる」とか、「このルートをクリアしたらこれをゲットできる」というふうに、自分でしくんできたのです。

ですから、カルマを恐れることはありません。自分を罪深い人間のように思う必要もありません。カルマは今生きている自分が、どこまでできるかチャレンジするための課題なのです。

一人ひとりが発言し、力を発揮しよう――みずがめ座の時代

生きづらいと感じている人たちに対しては、「それでいいですよ」と言ってさしあげたいです。生きづらく感じる、それはすごく大事な感性だと思います。

何も考えずに無意識状態で生きていたら、とっくにあきらめて、しんどいとすら思わないのではないでしょうか。

「しんどいのは嫌だ」と思うことは最初の一歩で、そこであきらめないで、「じゃあ改善しよう」という次のステップに行こうとする必要があります。

それは自分のカルマのひとつだと思っていいのです。

地球人全員が、幽界で魂の記憶をほとんど消されてアンフェアなゲームをやらされているわけですから、「ふざけんなよ、冗談じゃない」と思うほうが健全なのです。

「どうせこんなものだろう」とあきらめたり、「もう、これでいい」と、無理に満足したふりをすると、魂のゲームが進行しません。

「こんなしんどいのは嫌だ」と思っている人たちは自分だけではないので、あきらめないで次へ進みましょう。そう思う人たち同士が、どうすれば改善できるのか、ここを突破できるかを探っていくといいのです。

そうした行動をとることに、時代の追い風も吹いています。

占星学的にいうと、今はもうみずがめ座の時代に入りました。

地球の回転軸の向きは年ごとに少しずつずれていき、２６８００年でちょうど一回りするといわれています。ですから、春分の日に朝日が昇る方向にある星座が２６８００年かけて12星座を巡ります。ひとつの時代は約２１５０年となり、その時代はその方向にある星座の影響を受けることになります。

実は今年２０１７年に２１５０年に一度の大転換が起き、みずがめ座の時代が始まったのです。

これはひとつ前のうお座の時代とは全然違い、一人ひとりの力を、社会やグループのために自由に発揮する時代です。

うお座の時代は何かにつけて曖昧で、不透明なところがあり、神秘的なことに意識が向きやすい傾向もありました。だから巨大な宗教組織が世の中を牛耳ることができたのです。また、水の性質が強いので、そのつながる力が発揮されて巨大な組織をどんどん作っていきました。しかもうお座には欺瞞《ぎまん》というキーワードもあり、水面下でいろいろな陰謀が成立しました。

本来のうお座は12星座のサイクルを成長のストーリーにたとえれば一番成熟した時代を表し、ワンネスを求めるモチベーションがあるのですが、先のうお座の時代は未熟なうお座の時代だったので、私たちは目に見えない何者かに支配されたり、巨大で合理性に欠けた組織にコントロールされるような経験をしたのです。

今度のみずがめ座の時代は、解放の時代です。

何かにつけて「明確にする」ということがついてきて、嘘が全部暴かれていきます。

社会意識の完全性を求めるモチベーションがあり、意味のない社会のルールや、個人が自由に力を発揮することを妨げるルールなどが、どんどんなくなっていきます。無駄な組織をなくしていく傾向もあります。

「公平」もキーワードです。

今の社会のアンフェアな分配制度なども、大いに是正されていくと思いますが、そのプロセスでは危機的なことも起きるかもしれません。

誰かの陰に隠れて何とかしようとするのではなく、一人ひとりが発言し、力を発揮することが大事な時代なのです。そのことを念頭に、ぜひ、今できることを実践してください。

このように時代のカルマが大きく変化したので、自分がおかれた状況を理不尽だと感じ、それを改善していこうとする人たちには追い風が吹いているといえます。

なぜその親を選んで生まれてきたのか？

私たちが今の両親を選んで生まれてきたのは、自分の目的のためでもあるのはもちろん、目的の手前の課題、つまりカルマを思い出させるためでもあります。

宇宙人は、マスターソウルの中で最初から目的を設定してきて、カルマを忘れることはないですから、そもそも思い出す必要がありません。

しかし、地球人は思い出すための工夫が必要になります。うまく両親を選んでいれば、両親との間に葛藤が生じて自立心を煽《あお》ってもらえるし、両親の価値観との違いから、自分の課題、カルマを思い出す可能性も高くなります。

両親の考えに同意できないとき、子供は「自分は何を信じたらよいのか」と疑問をもち、自ずと自分を探そうとしますよね。それが結果的に自分のカルマの方向にシフトさせていくので、そのために親を選ぶというのが、ひとつあります。

池川　魂のしくみを思い出す必要があって、そのしくみとして親子関係があるのはいい方法ですね。

みんな、必ずと言っていいほど親と違う価値観をもって生まれています。それをよくないことと思っている人が多いですが、そういう視点で見ると、とてもよいことなのです。

子供のほうが両親をすごく大事に思っています。でも、自分の価値観を押し殺したり、自己主張しないで、何とか両親の意向に沿おうとする必要はないのです。あえて反発する必要もないですが、親からのアドバイスは聞いた上で、それも加味してよく考えて、最終的に自分の人生に責任をもって生きればいいのです。

魂の計画をきちんとなし遂げていく人とは？

魂には自分が探究したいテーマがあって、そのために必要な情報をもってここに生まれてきます。

輪廻のサイクルに入って同じテーマをずっとやっていたとしても、ちゃんと自分の魂の課題に取り組める人もいます。

それは、自分のアイデンティティーがちゃんとあるかどうかに関わります。自分自身に対する信頼や、自分の価値観に自信をなくしてしまって、人は自分がやるべき探究の道からどんどんそれてしまいます。

社会で成功する人は、探究すべきテーマをとても明確に自覚していますよね。そういう方たちは、おそらくそれが霊的なことに関わっているとは思っていないでしょうけれど、自分のアイデンティティーや理念がちゃんとあって、それに従って、何事も自分の意志で選択して人に迎合しないですよね。そういう人たちは、無意識のうちに魂の課題をクリアするのです。

地球にいる自分は、自分では気づかないところまで常にマスターソウルがちゃんと見ていてくれることに気づけませんが、マスターソウルは、どんなに小さな課題でもそこをクリアすれば、それはちゃんと見ています。

だから、もちろん何度も輪廻している人でも、マスターソウルから切り離されているわけではありません。仮に、多くの課題をクリアして、一般的にいうところのカルマを清算した場合、「こちらに呼び戻そう」と、マスターソウルが決めれば、あるとき寿命が来て死にます。でも、非常に優秀な魂の場合、死ぬことなく魂に新しいカルマ情報を与えられるケースも、ごくわずかではありますがあります。

ずいぶん前に私のセッションを受けにこられた方で、こんな男性がいらっしゃいました。彼は韓国系オーストラリア人で、世界有数の金融機関の副社長を海外で務めた後、日本支社の社長として赴任してきて2年目でした。

その時点で売り上げは前年比大幅アップ、あまりよくなかった社内の人間関係も全部改善できて、自分の仕事に満足しているし、家族関係も非常に円満で良好でした。

にもかかわらず、彼は「いまだかつて味わったことのない恐怖を感じる」というのです。

仕事でもプライベートでも自分に自信があって、失敗することを恐れているわけでもない。それなのに理由のない恐怖が襲ってきて、「もしかしたら気づかないうちに不治の病にかかっているのかもしれない」「自分には死が迫っているのかもしれない」と思って3ヶ所の病院で検査をしたけれど、どこも悪いところが見つからない。確かに体は元気だ、でもこの恐怖をぬぐい去ることができないというのです。

その方の奥さんの友達が以前からの私のクライアントだったので、その紹介でやってきたのですが、「失礼ながら私は今まで霊的なことにいっさい関心がなかった。ただし、聞く耳をもたないわけではなく、ただ関心をもつきっかけがなかった」とのことでした。

私は彼に対して、こんなふうに申し上げました。

「あなたは生きながらにしてひとつの人生を終わらせました。しかも、もう新しい人生がスタートしようとしています。強烈な不安というのは何が起こるかわからないことに対しての不安ですが、よく自分の内側を観察すると、何かひとつのことが終わった満足感がないですか？」

するとご本人も、「確かに今までにない満足感、達成感があり、それが終わったと言われたら異論はない」とおっしゃいました。

「もうひとつ、では新しい可能性が開けていくと私が申し上げたとしたら、それに対して否定感はありますか？」とたずねると、「それはない、はっきり言える」とのことだったので、普段のセッションではあまり言わないことなのですが、この人ならと思い、こう伝えました。

「あなたの次の計画としては、韓国に帰って若者に希望の灯をともす、教育関係の仕事をやるべきではないでしょうか。あなたの経験を通して培ってきた知恵を伝え、若者が新しい可能性を見出す手伝いをする、そういう活動をしなければならないと思います」

1週間後、その人の奥さんから連絡が入りました。

「主人は会社を辞めて韓国に帰りました」とのことでした。

驚きました。あっぱれだと思いました。優秀な方ほど、スピリチュアルにまったく関心がなくても、ちゃんと魂の道を生きるのですね。

真にスピリチュアルに生きるということ

「スピリチュアルなこと」に関心がなくても、その言葉を使わなくても、自分の人生を思う存分に生きるとか、自分を満足させる、違う言い方をすれば自分に誇りをもてる生き方をする、そういうことでいいと思います。

その男性など、瞑想の「め」の字もない生き方をしてこられたけれど、彼は常にどの瞬間も、新しいことに挑戦するために、ベストを尽くして自己信頼を培ってきたでしょうし、できる限りの力を使って素晴らしい人生を創造してこられたと思います。

こういう話は、みなさんにとっていい励みになるのではないかと思います。

このような生き方ができれば、霊的な記憶がないとか、魂の記憶がないとか、サイキックな能力がないというようなことは、霊的な歩みに対して、実はまったく支障をきたしません。

自分の周囲の現実は内なる神が創っているわけですから、そこに誠実に生きると、ちゃんと魂の計画通りに歩みを進めることができるということです。

何よりも実践することが大事です。スピリチュアルな知識で頭でっかちになっていて何も実践できないということもけっこう多いように思いますが、逆にそういう知識がなくてもちゃんと実践できている人たちがいるのです。

人によって取り組むべきことは違うので、ビジネスの世界をバカにしたり、社会的地位や、より多くのお金を得るための努力をすることを否定する必要もありません。それはゴールではなく、単なる手段にすぎませんから。

スピリチュアルなことに興味をもつと、「スピリチュアル」と「現実」のバランスをうまくとることができずに葛藤する人も多いと思います。結果として、スピリチュアルを現実逃避の言い訳にすることになっているようなこともありますね。でも、決して現実はどうでもいいことではありません。

私が今まで出会ったクライアントさんでも、むしろものすごく優秀なビジネスマンや地位のある方の中に、非常に高潔な態度で、誠実にご自分自身の人生と向き合われ、スピリチュアルな生き方をしている方が多いように見受けられます。

池川まとめ

なぜこの世に生まれてきたか？　これは誰もが知りたい普遍的なテーマですね。魂レベルでは、他の宇宙人類と共通してもっている目的と、個々人がもっている目的、その2つの目的があるとサアラさんは言います。

難しく考える必要はなく、個々人が自分の幸せを追求しながら生きていくことが、結局は人類共通の目的を達成することにつながるようです。

いったん目的を達成すると、生きながらにしてひとつの人生を終わらせて、まったく別の人生がスタートすることがあるというお話は、とくに印象的でした。

ただ、ここで最も重要なのは、本人が考える幸せと魂にとっての幸せが一致しているかどうかでしょう。実際、いろいろな人の相談に乗っていると、違和感をもちながら生きている人や、無意識に幸せになれない道を選んでいる人も多いと感じます。

そういう人は魂の声を無視してしまっている可能性があるので、まずそこを自覚することが大切だと思います。

第6章

幸せになるために、今、私たちがすべきこと

所有概念や勝ち負けから自由になるとっておきの方法

ここまで述べてきたことと、相反する意見のように聞こえるかもしれませんが、幸せを感じながら生きていく上で、所有概念や勝ち負けから自由になることはすごく大事です。しかしながら、「言うは易《やす》し行うは難《かた》し」です。

モノやお金、その他「あるとよい」とされているものをたくさんもてない状況や、競争に勝てなかったとか、そういうことに対する劣等感みたいなものは払拭すべきです。すべての価値がそこにあるわけではありませんから。

でも、そんなことは十分にわかっていても、あるいは、人からいくら説得されても、所有や勝ち負けといった社会的な価値観はなかなか手放せず、反応してしまう自分をなかなかコントロールできないものですね。

そういう概念から自由になるひとつの方法としては、自然の中で自分の無力さを存分に味わう、というやり方があります。

私のスクールの生徒さんたちと、先日は北欧ツアーに行って、スウェーデンやフィンランドの教育や農業などについて学びましたが、以前は社会を見る旅ではなく、アマゾンやハワイなど、自然が豊かな所に行っていました。

そうした場所では、いい意味ですごく自分の無力さを体感することができるのです。たとえば、急に降り出した激しい雨には誰も抵抗できなくて、ずぶ濡れになりますね。そういうとき、何かを手放せる感じがしませんか？

ビショビショでみじめな野良猫みたいになった自分に、笑ってしまって、楽しくなりますよね。そういう「抵抗しても無駄だ」と思うような経験を、ふんだんにしていただくようにするのです。

滑りやすい海辺に連れていったりすると、みんなツルッと滑って服を着たままボチャッと海に落ちて、ずぶ濡れになってあきらめるとか。

私が最初に行って楽しくてたまらなかったのは、ハワイのとあるビーチです。

そこはウインドサーフィンのメッカで、上級者がアクロバティックな回転をしたりするような高波の来る所で、日本なら絶対に遊泳禁止になるようなビーチです。岩が入り組んでいるので波が均等にならないし、波同士が激しくぶつかり合ったりするビーチなのですが、面白そうだったので主人とふたりで入ったら、ハワイアンのおばちゃんが「あなたたち、ここで泳ぐの？」とビックリして見ていました。

そうして、くるぶしから15㎝ぐらいの深さの所に入ったら、波が猛烈に引くので立っていられず、いきなり海に引きずり込まれました。

海の中で、洗濯機みたいに、にぎりこぶしぐらいの岩と一緒に5回転ぐらいするのです。今度はそこからダーッと吐き出されたら、ズルーッとスライディングして20メートルぐらい流されたり、自分がまったくコントロール不能な状態になります。

子供の頃にお父さんやお母さんに振り回されて遊ぶと楽しかった、そんな感じでマザーアースに遊んでもらっているような状態です。

でも命の保証は絶対できませんから、自分でツアーを組んだときは、「死んでもいっさい責任とれません、自分の責任です」と言って、参加者をお連れします。

そうするとみんな、「30分だけ」とか時間を制限しても、楽しすぎて、こちらの言葉などまったく無視です。「もう30分ですよ」とすぐそばで言っても、聞こえないふりをして海に入っていきます。

それで30分の予定が90分になったりするのですが、上がってくるとみんな目がキラキラになって、エネルギーフィールドもピカピカになっています。

そうなると、お金や地位や肩書などがあるとかないとかの社会の価値観が、もうバカバカしくて、どうでもよくなってきますよ。

そんなふうに自然とたわむれることを、チャンスがあったらできるだけやってみるといいと思います。

私は、台風が来るとわかっていて岬まで海を見に行ったりします。本当に、自分の無力さというか、マザーアースの手のひらの上で遊ばせてもらっているというか、それが基本なんだと思うと、もっているものを手放すのが怖くなくなります。

海の水は情報の宝庫ですし、海から生命が生まれたというくらい生命力に満ちているので、すべて手放して海の水に体を浸してぷかぷか浮いてみるだけでも、ずいぶん意識が変わると思います。

そうしながら、何が大事か考えてみるとか、「やっぱり、この世界に命があるということが何より素晴らしい」ということを思い出す機会をなるべくたくさん作ることが、社会的な価値観から自由になるひとつの方法かと思います。

人のせいにしないことがエネルギーを強くする

魂は、その中に神々しい意識というものが詰まっているのが本来の状態なのですが、ところが今、多くの人はボヤーンと霞《かす》んでいて光っていません。

それは、思い通りにならないときに人のせいにするからです。人のせいにしてしまうと、自分のエネルギーをその人にさしあげることになります。

ですから、人のせいにすると、自分のエネルギーが減少して弱くなってしまうということを知っておくべきです。

しかも、エネルギーをもらった側は、自分自身のエネルギーではありませんから使うことができません。しかも、感情的に人から押しつけられたエネルギーは重たいので自由がきかなくなってしまうことさえあります。

また、人のエネルギーにはその人の思考のパターンがくっついていますから、その影響を受けてしまいます。

だから、人と会って疲れを感じたときはシャワーを浴びて全部洗い流すといいし、

「あ、今日のこの重い感じはあの人だ」と思えば、「本人にお返しする」というイメージをもつのもひとつの方法です。

自分の人生に納得できない人は、自分の人生は自分で自由に決めていいと思っていないので、人のせいにするわけです。

とくに、親のせいにする人が目立ちます。

もちろん父親も母親も、自分にとってこれが最善だと思うことを子供に押しつけようとするのですが、子供であっても自分が同意できないならノーと言っていいのです。

私は、自分が志向するものと真逆の教育を親から受けてきました。幼稚園からミッションスクールで、何を思ったかガチガチのお嬢様教育を受けさせられました。結果としては、もちろん万事完璧！　よい勉強になりましたし、かえって私の独立心や、反骨精神のようなものが育まれていく機会を与えられたと思います。

どんな両親であっても自分の魂が選んだということを理解して、客観的に見る目が必要です。

でも、自分がこのような教育を受けてみて、これがそもそも人間の間違いの始まりだと思ったので、自分の子供にはそうしませんでした。

私の両親は、戦中戦後の一番大変な時期に育ったので、まともな教育など受けていません。そういう人に正しい教育をしろといっても当然無理な話です。一般的には自分がいいと思った価値観を、子供に一生懸命伝えようとしますね。

でも、価値観は人生を通してその子が作りあげていくものです。

親はひとつのサゼスチョンとして意見を言うのはいいですが、押しつける必要はありません。親も疲れますしね。

子供のほうも、親のせいだと考えてしまうと、エネルギーが弱くなってしまいます。

いくつになっても「自分がこうなったのは幼少期の親のせい」みたいに言う人もいますが、すごくもったいないと思います。そういう考えがある以上、自分の思い通りの幸せな人生はなかなか築けないからです。

「親は自分ができる最大限のアドバイスをしたのだ」と割り切って、そこから先は自分が自由に選択していいんだという許可を、自分に与えてあげることがすごく大事です。

「お前が幸せだと思えるならそれでいい」

私の父はすごく保守的で、目に見えない世界とかスピリチュアルな話は受け入れられない人なので、私が今のような活動を始めたとき、最初は「一家の恥」とか「迷惑だ」とか思われていました。

彼らは、私がまだ実家に住んでいたときには、よかれと思って、この子を何とか自分の思い通りにしようと思ってきたのでしょう。親なら誰でも、よほど意識的に取り組まなければ、無自覚にわが子にそのように接しています。そうすると私の体調がすごく悪くなったりするので、だんだんあきらめて、私が離婚した後、2ヶ月ほど実家にいた頃からは、よい意味でお手上げだったようです。

離婚した後は仕事という仕事をせずにこういう活動をずっとしてきたので、子供を抱えてどう生きていくのか心配だったのでしょう。あるとき母にちょうどよいチャンスが与えられて、「いいかげんにそういうことはやめなさい！　あなたおかしいわよ！」と強く言われましたが、私はそのとき「これが彼女の本心なのだわ」と、受け止めました。もちろん、今はもうまったく何も言わなくなりましたよ。

数年前、80歳を過ぎていた父とこんな会話を交わしました。

「もう俺は年だから、お前を援助してやることはできないが、大丈夫か？」

「それは大丈夫よ。そんなこと当てにしていませんから大丈夫です」

「そうか、お前が何をやっているかは知らないけれど、お前は立派だよ」

初めて、父親がそんなことを言いました。

彼はすごくフェアな人だと思います。「だからといって、お前がしていることを理解しようとは思わない。でもそれが何であれ、お前が幸せだと思えるならいいじゃないか」と言える人なのです。

価値観の違う親との関係から何を学ぶか？

父は基本的に何も言わない人でしたが、心配はしていて、それを母には言うので、母から伝わってきます。

父はとても困難な時代を生きてきたので、平和な時代を生きた人とは考え方が違います。

中学生のとき、学徒動員で、空襲で家がずらっと倒壊している所の雨戸をはずして、死体を乗せてお寺に運んだと言っていました。

通学路に死体の山が置かれているお寺があって、死体の匂いが臭くてたまらなかったので、鼻をつまんで自転車でそこを通っていたとか言っていました。

中学2年生のときに、やはり学徒動員で武器の工場で働いていて、何の直感かはわからないけれど「来る」と思った瞬間に、まだ音もしない、警報もならないうちに、自分の前に何重にも重なって積んであった鉄板の下にもぐりこんだそうです。

そして爆撃に遭い、自分だけが助かって、一緒にいた学生は亡くなったそうです。

一番多感な中学時代にそういう経験をした人は、今の中学生とは相当感性が違いますよね。彼は「人は人でいい、それぞれの人生があるのだ」ということを、しっかり受け入れられる人だと思います。

父はそういう人なので必要以上に話をしませんが、母は女性ですし、その分感情的です。心配させられてはたまったものじゃないと思ったのでしょう、だからいろいろ言われました。

でも、結局どんな親も、子供のやっていることが理解できなかろうが、子供が幸せであってくれたらいいと思っています。

親に対して最大限の恩返しをしようとしたら、自分が幸せになる以外ないのです。親の言いなりになることよりも、親に背いても自分が幸せになることのほうがずっと親孝行だと思います。

幸せを願って口を出すのに、それで子供が不幸になってしまっているというのは皮肉な状況ですね。

親子は価値観の違う組み合わせのほうが学びも多いですし、似た者同士のぬるま湯の家庭だと、誰も自立しようとしない共依存の世界ができあがってしまうので、魂が望む生き方になりません。

親がいいとか悪いとかではなく、価値観の違う親との関係から何を学ぶか、そういう視点で生きていくことが大切です。

自分の価値観は自分で作る

常識を疑うのはとても大切なことだと思います。

社会的地位があったほうがいいとか、それを求めるべきとか一流大学に行かないと成功できないとか。カルマの話と同じで、信じてきたことを「本当にそうなのだろうか」と一度疑ってみる必要があります。

やはり、こんなことに時間を費やしているのは苦しいとか、毎日の生活が楽しくないと思ったら、自分が優先していることを疑ってみて、優先順位を変えてみることも必要かもしれません。

自分独自の価値観や優先順位を、自分で築き上げていくということが大事だと思います。そのためには自分の経験を大切にすることです。

その経験が社会で認められなかったり、評価されないようなものでも、それを苦い思い出にしてしまわないこと、自分にとっては、とても大切な経験だと認識して、自分独自の価値観を構築していくことが大事だと思います。

そうすると人からの評価をあまり気にしないで済むようになります。

人からどう思われるか、そこがネックになって不自由な思いをしている人がすごく多いと思います。そこを気にしなくなるには、明確な価値基準をもつことが必要です。

そうでないと、人の評価がないとやっていけず、人と依存し合う人生になってしまいます。自分がうまくいかないのを、父や母のせいにするようなことにもなります。

私の生徒さんの中で高卒の人がいるのですが、なぜ大学に行かなかったかという質問をすごく受けると言っていました。

本人としては、単純に行く理由がなかっただけなのに、「ダメじゃないか」的なニュアンスで聞かれると、明確な答えを自分がもってないことにちょっとショックを受けるというのです。そして、「なぜ行かなかったのだろう」とすごく考えてしまうらしいです。でも私は「行く理由がないのに大金をかけて、4年間の時間を浪費して、行く必要はないんじゃないの？」と言ったのです。

行く理由がないのは、大学に行かない立派な理由です。

せっかく自分でいろいろ考えた後に決断したことなのに、その後、人に意見を言われて、自信をなくしてしまうケースが多いようです。

「やっぱりこれでよかった」——選択の顛末

私の一番下の息子も、大学に行きませんでした。それどころか、彼は何の計らいか、小学校から大学までである一貫教育の私立に入っていたのですが、中学2年のときに彼の意志で学校をやめました。

最近になるまで相当悩んだのだと思いますが、最近は「自分にとってはよかった」という言い方になってきました。

前は、親の目線から見ると他人へのやっかみも含めて、強がって「行かなくてよかった」と言っているところがありましたが。

学生をやっていれば気楽だし、同じ年代の子どもたちといつも一緒にいて単純に楽しいわけです。でも、その仲間に入ることを、誘われてもあえてしなかった。

彼は中学生のとき、学校でけっこう人気者で、クラスのまとめ役などもしていたようなので、彼が退学すると決めたときは、先生や周囲の友達のほうがショックを受けて、みんなに引き留められました。

でも、本人は言い出したら聞かない子で、私はもちろん説得しませんでしたが、いろいろな人に説得されても変えなかったのです。

でも、その息子が、学校をやめた後にいろいろなことを言い始めたのです。

「進学しなかったことを後悔しないのか」と聞いたとき、息子との間でこんな会話がありました。

「後悔しているに決まってる。それでいいんだよ」

「なんで?」

「後悔できるくらい自分が成長したっていうことだからさ」

「それならそのまま成長を続けて、後悔を後悔じゃない人生にするしかないよね」

「そうなんだよ。だからこれからが大事なんだ」

そんなことが言えるようになったのだな、と思いました。

それでもやはり悶々《もんもん》とした時期が続いていたようです。

進学しないで社会に出ると、早いうちから年齢関係なく社会人とつきあうわけです。最初のうちはそれがつまらなかったりするのですが、彼は「絶対に特定の企業に就職はしない。正社員にはならない」と言うので、理由を聞いたら「俺は奴隷になるために生まれてきたわけじゃない」と言いました。

「だけど金がほしいからアルバイトはする、バイトは勉強のためにする」と。

それで、ひとつの会社にアルバイトで入って、そこで最大限力を発揮して、アルバイトなのに年の半分以上中国に勤務して現地採用まで任されたりして、そこの会社でこれ以上学ぶことがないとなるとまたやめて、まったく異業種の次の企業に行く。そういうことを繰り返して、今までやってきました。

そして今28歳になって、また少し変わってきました。

「大卒で一流企業に入って、お給料はいいけれど毎日同じタスクを片づけるだけの仕事をやっている人より、考えてみたら自分のほうが人間関係が面白い」と思えてきたようで、それからは「自分にとっては」やっぱりこれでよかった、という言い方をするようになりました。

苦しくても、一歩一歩自分で自分の価値観を築き上げるプロセスから逃げてはいけないと思います。適当なところで判断してしまわずに、人間は一生涯かけて成長し続けなければならないと考えて、長期的に考えてほしいです。

たとえば高学歴ではないとか、ちゃんとした企業に就職できていないとか、そういうところで本当に損しているかどうかは、長い目で見ないとわかりません。

自分の経験を大切にする本当の意味

一方、娘は30歳になってから復学しました。

娘は大学院に途中まで行ったのですが、世界で誰もやったことのない研究題材に取り組もうとして、すごく注目を浴びてしまったのです。もちろん抜擢《ばってき》してくださる先生や大切に育てようとしてくださる先生方もいたのですが、その反面ものすごく叩かれ、やっかまれました。

「昨日も一昨日も一睡もしていない」と泣きながら電話がかかってきたこともあります。

それでとうとう体がボロボロになって、実家に帰ってきたのですが、その翌日が3・11でした。そのとき、自分のもってきた価値観を改めて考えて、「自分がこんなに時間も体力もギリギリのところで精力を傾けないとできない研究は、人ひとり救うこともできない」というのがそのときの結論だったそうです。

それから普通の企業に正社員として就職したりすると、ある程度仕事ができるので、どこへ行っても便利に使われてボロボロになるのを繰り返して、正社員になるのはもうやめたと言い、30歳になって「自分は社会の不適合者だ」と言うようになりました。「無理すればできないことはないけれど、今までの経験から、それをやろうとすると体が壊れるのでもうあきらめる。私はどう考えても研究者向きだ」と言って、30になって大学院に戻りました。

人間は、長い時間をかけて一つひとつ経験して、そのプロセスを踏まないと価値基準は確立できません。

ですから、あわてて大学へ行ったり就職する必要もないし、何とか食いつなぐぐらいのことはできるかもしれないので、所有概念や勝ち負けから自由になるためにも、ちょっと自分に時間を与えてあげることが必要ではないでしょうか。

社会は「早く、早く」と急《せ》かしますが、そこをこらえて時間をかけて、いろいろ体験しながら、じっくり自分を成長させてあげることが大事だと思います。

瞑想で大脳をリラックスさせると何が起こるのか？

瞑想は、忙しい大脳をリラックスさせるひとつの方法です。

瞑想する場所は都会よりも自然の中のほうがいいのかというと、それはあまり関係ないと思います。

「電磁波があるからうまくいかないように感じる」という人もいますが、そういうイメージをもっているために、うまくいかないことはあるでしょう。

また、たとえば9・11や3・11のような極端なことが起きる前後だと、心理的にも何となく影響を受けますから、グラウンディング（205ページ）は難しいかもしれません。

でもそうでない限り、「都会では瞑想もできない、あれもこれもできない」というのは、その方のイメージにすぎません。まわりの環境よりも自分自身の意志のほうが常に優先されるのです。

実は、脳の神経細胞ネットワークは多重構造になっています。

一般的に目で見て、見たものを感受して、それに基づいて思考して、そういう使い方をするためのネットワークがひとつ。

そうではなく、同じ空間を見ても目では知覚できないようなもの、たとえばみなさんもよく感じているのは、「ここはすごく感じがいいところだ」とか「気持ちがいい」とか「空気がおいしい、新鮮だ」と感じたり、実際はわからないのにそういう表現をするのは、目で見えないものの違いを感受しているわけです。

それがどう違うかをいちいち識別したりはしませんが、そういう感覚は、通常使っているのと違う領域で働いているのです。

何となく心地よいと、大脳がリラックスしていて忙しい状態でなくなるので、実際はそんなに匂っていないのに緑の匂いがするなど、五感が普段と違うワイドな状態なので感じ取ることができるのです。

そういうときは、多重構造になっているネットワークの中の、通常、たとえば仕事を指示したりされたり、思考したりするのが第1ネットワークだとすると、そちらは休憩していて、別の第2ネットワークが機能し始めるということです。

第1ネットワークが電波領域で発火するとしたら、第2ネットワークに切り替わると、たとえば赤外線領域だったり、第3ネットワークになると可視光線とか、その次が紫外線というふうに、段階があるのです。ネットワークによって感知するものが違っていて、目では見えないものを見るとか、そういうサイキックな能力が使えたりもします。

どのネットワークを使うか、初心者のうちに自分で選ぶのは難しいですが、たとえばチベットの高僧などは自分でチャンネルを選んでそこにフォーカスすることができます。それができると省エネできるようになります。

第1ネットワークしか使えないと、常に第1ネットワークの中だけで問題に対応しよう、対策を講じようとしますが、それでは無理なことがあるわけです。

たとえばたくさんの関係者がいるような事柄だと、そうそう人をコントロールしたり変えたりすることはできません。

そうするとなかなか難しいですが、たとえばチベットの高僧ぐらいのレベルのマスターたちは、第1ネットワークでは解決の手段がないことがすぐわかるので、すぐ第3ネットワークに切り替えて解決策を見つけるとか、そういうことをするのです。

そうすると、ひとつの領域でうじうじ悩んでいる必要がないわけです。

人はみないくつかのタイムラインを行き来している

たとえば第2や第3ネットワーク、具体的にいうと赤外線や可視光線の領域では、時間の帯が崩れます。

私たちは未来のことはわからない、過去は変えられないと思っていますが、赤外線や可視光線領域にシフトすることによってそれを変えることができるのです。

そもそも、時間は過去から未来に向けてベクトル状に進んでいるものではありません。同時に無数にここに存在している可能性を、我々が選択し続けてつなぎ合わせていく作業をしているのでそうやって進んでいるように見えるのですが、そもそも過去も未来もなく、あらゆる可能性があるだけなのです。

その可能性の帯がいくつもあって、それを自分が次々と選択してタイムラインを作っています。それらが同時に進行しているのです。

「最も進化した宇宙」とか「私たちの地球があるこの宇宙」というふうに、宇宙レベルで平行世界がいくつもあることはすでにお話ししましたが、それは個人レベルでもいえることです。

自分の意識いかんで、非常に近くにある平行世界であれば、移動することも珍しくありません。

娘が見つけた英語のサイトで、自分の秘密を誰にもカミングアウトできない人たちだけのためのサイトがあるのですが、それを読んでいたら、平行世界からこの現実世界に来てしまった人の書き込みがありました。

自分が住んでいた世界の日本は、関東から北が全部ロシア領、南は韓国領になっていて、その人はロシア人。いつものように家に帰ろうとした途中で人に話しかけられたところから、「ここは世界が違う」と気がついたそうです。でも、もう帰れないし、どうしてここへ来たかもわからないと言います。

平行世界でも、物理的な地殻形態が違うとか、そういう極端な例は少ないですが、こちらと同じように日本列島はあるけれども、政治的な状況が違う世界というのはたくさんあると思います。

池川　私も以前、ある小学生がこう語っているのを聞きました。「今のここの日本は東京が首都だけど、あっちの日本は京都が首都だよ。そのような地球がたくさんあるんだよ」。

みなさんも朝、自分が昨夜と同じタイムライン上で目覚めているという保証はどこにもないわけです。昨日と違う世界でも似ているからわからないのです。

朝起きたら、何だかすべてがちょっと違う、みたいな感覚を感じたことはないでしょうか。時間の流れが急に変わったような感じとか。それは別のタイムラインに移動したということなのです。

実は誰でも、複数のタイムラインを行ったり来たりしています。でも、地球人類はフォーカス力がないので、それを認識するのが得意ではありません。

私には教師係のようにして付いてくれている仲間がいて、その仲間には「あなたの意識はほとんどの時間気絶している」と言われます。

それで、この状態ではまずいと思ってトレーニングを始めたら、本当に自分の意識がシャッ、シャッと飛ぶのがわかるのです。

仲間たちはどうかというと、たとえばサブリミナルで0・000……1秒で24文字とかの情報が入ってきても、それを全部読むことができます。それくらい短い時間すら気絶していないので、全部認識できるわけです。私たちにはとても真似できません。ですから私たちは、気絶しているたびに他のタイムラインに行っていてもおかしくないのです。

過去だって変えられる

以前にも自分の本の中で書いたことですが、すごく重たい植木鉢をもったまま外階段を落ちたことがあります。

バキーンという音がして、頭のほうから落ちて、足がついてこられなくなって、ふっと振り返って足を見ると足があさってのほうを向いていて、その瞬間目から火花が出るほどの痛みを感じました。

いろいろ頭の中で考えたのですが、そのときの時間の経過が全然わからないのです。おそらく、あまりの痛みでフォーカスポイントが変わったのです。

脳がいつもの第1ネットワークを使っていると痛すぎてつらいので、自動的に逃げるわけです。フォーカスが変わると若干痛みからも解放されます。

そこで、こんなふうに考えました。

「これからどうなるんだろう。携帯電話がかばんに入っているからそれを探して電話して、救急車で搬送されると、2ヶ月ぐらい病院のベッドの中にいることになるかもしれない。でも、小さい子供がいるからそれはとても無理だ。……よし、なかったことにしよう」

それで、過去を変えることにしました。

可視光線の領域にフォーカスすると時間の帯を突破でき、過去を書き換えられると知っていたので、とりあえずそこにトライしました。

植木鉢は割れていますが、まるで何もなかったかのように、とりあえず自分の足を見たりせずに普通に起き上がり、「ただころんで植木鉢を落としただけ」ということにしました。植木鉢はそのまま放っておいて、どうしても車で息子を迎えに行かなければならなかったので、そのまま車に乗りました。右足をケガしたのでアクセルは踏めないはずでしたが、「大丈夫、なかった！」と言って運転して迎えに行き、そのまま何事もありませんでした。

望む未来を引き寄せるコツ

私はおっちょこちょいなので、よくケガをするのですが、こういうことは何度かやったことがあります。

要するに、過去も未来もたくさんの可能性があるので、その中から「骨折しなかった現実」を選び直したのです。でもこれは一瞬のうちにフォーカスポイントを変えることができないと、できません。

火事場のバカ力的なことや、「平行世界」のところで出てきたロシアの人のように、何らかのアクシデントが起きればできる人もいるかもしれません。

でも、自分の意志でやろうとすると、なかなか難しいものがあります。

時間の一直線上の帯が完全に崩れている、可視光線領域に意識をフォーカスさせるというやり方ですが、それには瞬間と瞬間の意識の空白をどんどん短く詰めていかないといけないので、意図的にやるとしたらそういうトレーニングは必要になります。

でも、過去を選択し直そうとするよりも、みなさんは未来の選択を大いにやるべきだと思います。

未来を選択するには、「望むこと」を選択することになります。未来が見えなくても大丈夫です。

コツとしては「望んで忘れること」です。

そこに気合を入れると執着してしまうのです。執着があると、すぐ疑ってみたりとか、できなかったらどうしようと不安になったり、二転三転してしまうので、意図した未来とずれてしまう可能性があります。

こんな瞑想のしかたもある

大脳をリラックスさせる方法をみなさんの日常生活で取り入れるとしたら、必ずしも瞑想の手順を踏む必要はなく、湯船の中に入るだけでも十分だと思います。

セロトニンが出るとかいろいろ言われていますが、入浴した瞬間の「は～」と息を吐く感覚は、ひとつの瞑想状態です。

いきなり湯船に入らないで、体を洗って湯船に入るとき、垢《あか》や土やほこりだけでなく、その日1日感じ取ったことやイヤな思いなども全部、きれいに水と一緒に洗い流して、それから湯船に入ってリセットするといいですね。

だから私はお風呂の中でけっこう瞑想します。時間の制限はとくにありません。すごく集中しているときは、時間のことが気にならなくなります。時間が気になるようなら、適当なところで「リラックスできたからもういいかな」と切り上げます。集中できるかどうかはその日のコンディションによっても違うので、つらいときは無理してやらないほうがいいと思います。

集中できないときに無理やりやろうとすると、小さい子供が無理にやらされて勉強嫌いになるのと同じで、続かないと思います。じっとしていられないときは、そういう理由が必ずあるからです。

私は歩いていてもけっこう瞑想します。意外と人や何かにぶつかることはありません。意外と、そういう状態で歩いていたときのほうが、初めての場所でも道を間違えずに行けたりします。そういうことに魂が慣れている人もいるのです。

何でも試してみると、向き不向きや使い勝手のよしあしもわかって、自分に合うやり方が見つかります。

もう少し発達してくると、夢の質が変わってきたりします。夢が明晰夢《めいせきむ》（自分で夢だと自覚しながら見る夢）といわれているようなものに変わるのです。

大脳を休ませてリラックスすることによって、小脳から中脳、中脳から大脳へのパイプがしっかりできていくので、啓示のようなものを受けやすくなったり、直観力が働きやすくなります。

私はそれ以上に、夢の質が高まっていくことがすごく素晴らしいと思います。自分が直面している課題を知り、それをクリアすることによって成長すると、人間は受容性が高まっていくし、ちょっとやそっとで落ち込まないようになり、人生が楽になります。選択するときにもあまり迷わなくなります。

新しい1日にリセットする「朝入浴」のすすめ

瞑想は難しいと思われるなら、入浴法をやってみるといいと思います。なるべくリラックスできるように、湯船にアロマを入れたりするのもおすすめです。

お風呂に入ることを、洗顔や歯磨きと同じような1日の一コマではなく、「特別なこと」という位置づけをしてみるといいかもしれません。

理想的には朝晩入ることです。

アーユルヴェーダなどでは、朝入浴しなさいと言われています。

夜眠っている間はもうひとつの人生なのです。夢の世界で1日が終わって朝起きるとこちらの次元の世界が始まるので、その切り替えがスムーズにできるように、朝入浴するといいとされています。

最近は朝シャワーをする人も増えていますが、とくに悪夢を見てしまったような日は、シャワーだけでも浴びてスッキリするといいですね。

また、夢は覚えていなくても朝起きてひどくグッタリしているときとか、目覚めたときに緊張感があったとき、気分が重いときなどは、さっとシャワーを浴びて1回切り替えたほうがいいでしょう。

悪夢を見ているときは脳が疲れているので、そのまま1日を始めると、どうしても影響が出ます。

水に浸かるのはリセットするにはいい方法です。お坊さんの滝行なども立派なひとつの瞑想といえます。

1日に何回か深呼吸するとか、そういうこともやってみるといいです。ただ息を吐いて吸うのではなく、1日に何回か、フレッシュなエネルギーを吸って自分の中にたまっていたエネルギーを吐き出す、というイメージをもった呼吸をします。それを365日やってみるだけでも、ずいぶん違うと思います。

「グラウンディング」で大地とつながろう

呼吸と同時に、大地とつながっている感覚を感じることも大切です。

これを「グラウンディング」といいます。

私の方法は、恥骨のあたり（ベースチャクラ）からエネルギーの根っこをまっすぐ下に下ろしていくイメージをします。

1本のコードのように、地球の地殻を突き破って中心の核に突き刺してもいいし、ぐるぐる巻きにしてもいいし、木の根のように包み込んでもいいです。地球の表面ではなく中心部の核としっかりつながっていることがすごく大事です。

そうしておくと、地球に異変が起きる前なども、何となくわかります。何かを感じて、たまたまその日に災難を逃れるとか、そういうことが起きます。

人間は誰もが社会の中で生きていると思っていますが、その前に、大地と生きているというのが本筋だと思うのです。

今、世界中が社会不安を抱えていますが、そういう中で生きていると、人間はどうしてもアグレッシブになったり、心に不安を抱えているために健全な思考でなくなったりします。「本来自分はこんな人間じゃなかったのに」と思うような言葉を吐いたり、行動を起こしたりすることもけっこう多く、それによって自分自身が傷ついていることもあると思います。

大地としっかりつながった状態になると、「自分自身を支えてくれているのは社会ではなく、マザーアースそのものだ」ということが、理屈ではなく実感として感じられる出来事が起きます。

そうすると、どんな瞑想をやったとしてもうまくいきます。

まずはこの惑星としっかりつながることによって安心感を得ると、リラックスもより深くなるのです。

仕事上で問題を抱えていたり、タスクを抱えたりしながら落ち着いてリラックスするのは難しいものです。

でも、「もし万が一今日仕事をやめたとしても、自分にはマザーアースがいる。マザーアースが必ず自分を生かしてくれるし助けてくれる」というような感覚があると、仕事が忙しくても、リラックスした状態に切り替えられます。

グラウンディングに時間はかかりません。瞬間的にできます。「つながった」という感じがすれば大丈夫です。そうすると足の裏がしっかり地面について、自分がちょっと重くなり、強くなったような感覚を得られます。

でも最初のうちは、時間をかけてイメージしてかまいません。

床を突き破って地面の中をエネルギーのコードが下りていって、先端に核が当たったようなイメージ、核に吸い込まれていくイメージでもいいです。

そうすると大地のほうからもエネルギーが上がってきて、自分の中で大地のエネルギーが循環していくイメージです。実際にそうすると、自分のフィールドの中のエネルギーはものすごく活性化します。

「センタリング」で視野を広げよう

グラウンディングはいつどこでやってても問題ないので、どんどんやってください。あと、「センタリング」も心がけましょう。

自分の中心にいることも、とても大事なのです。

眉間の少し上、ひたいの少しへこんだところの奥、ちょうど耳の上あたりの位置に中心を置いて、「そこに自分がいる感じ」をもつようにします。

そうすると視野が広くなって、周囲の全体が見渡せる感じになると思います。目の前がくっきりする感じがしたりします。

グラウンディングとセンタリングの両方ができているようにするといいです。

そうすると、よく「丹田に気を落とす」というふうに言いますが、その状態になります。人の言葉がいちいち気にならなくなるし、自分が何を選択すべきかも明確にとらえられます。人からの邪気も受けにくくなるのです。

池川　話を聞いていて、感受性が強くなっていて、人からの影響を非常に受けてやすくなっている妊婦さんたちにも、グラウンディングとセンタリングが必要なのではと思い、サアラさんに質問したところ、「やったほうがいい」と言われました。お腹の赤ちゃんのためにもよいそうです。

ただ、グラウンディングがしづらいときもあります。

たとえば転職やリストラ、会社の倒産などが起きる前、引っ越し、結婚して大きく生活が変わるなど、人生に大きな変化が起きる前は、必ずグラウンディングがゆるくなるはずです。しっかりグラウンディングしていると、変化は起きづらいからです。

そういうときには無理にグラウンディングしようとする必要はありません。

「どうもグラウンディングがしっかりできない」と思うときは、変化が起きる前だということです。

こんな人は宇宙とつながりにくい

ストレスフルな現代社会で生きる私たちにとって、グラウンディングやセンタリングが大切だというお話をしました。

でも、本来はどうなのかというと、女性は女性であるというだけで、すでに大地とつながっているのです。

大地は女性で、お互いに女性同士なのでフラストレーションがありません。異質なものを受け入れないといけない違和感がないのです。

眠っているときでも、女性にはマザーアースのエネルギーがどんどん豊富に入ってきます。だから、女性は生命力が圧倒的に強いのです。

でも、男性は違います。男性は女性とコミットする（関わる）ことによってマザーアースにアクセスですることを学びます。

ただし先住民族は、代々、男女ともにマザーアースにコミットしないと生き延びることができない生活様式なので、そういう男性たちは今でもマザーアースと非常に近い形で暮らしています。

でも、通常の文明社会や先進社会で生きている男性たちはそれが難しいですし、母親との関係性が悪いと、男性は自立するのがすごく遅れたり、発育発達にも問題が出ます。それはマザーアースのエネルギーをうまく受け取れないからです。

宇宙とのつながりについては、地球は宇宙の一部であって、宇宙には男性性と女性性のエネルギー量に差がないので、男女差はありません。

むしろ宇宙とつながるには、どちらかというと理性やロジックが必要です。

情報の海である宇宙とうまくアクセスするには、コンピュータの0と1のバリエーションでできているようなロジックでないと、なかなかつながらないので、感性だけで生きているような人は、逆につながりにくいと思うのです。

本当はフェアなはずですが、男性であれ女性であれ、感性だけが強くてあまりロジックのない人は宇宙とつながりにくいと思います。瞑想だけで宇宙とつながろうとするのも難しいです。

宇宙とつながっているか、そうでないかは、「自分は地球人である前に宇宙人である、宇宙の一員である」という意識があるかどうかでわかります。

そういう意識があると、魂の計画通りにいきます。

つまり、本来の自分の生き方になって、葛藤がなくなるのです。

地球とだけつながっていると、葛藤が生じる場合があります。大地のエネルギーは得られるけれど、本来の自分の目的が果たせないことがありえます。

マザーアースは非常に受容性が高い惑星です。その人が本来の生き方からはずれていることがわかっていても、その上で「本人がどうしてもそうしたいなら気づくまでやってごらん」と見守っているのです。

人はどうしてこうも不安を好むのだろう

不思議なことに、ポジティブなアイデアとネガティブなアイデアがあったら、ネガティブなほうを選ぶ人のほうが絶対多いです。そのほうが安心できるらしいのです。

要は、幸せが逃げてしまうことを心配するのが嫌なのでしょう。過去を振り返って反省するか、未来に不安を抱くかどちらかで、「今」が全然ないのです。

池川　今、講演会などで、自分の魂と会話するワークというのをやっていますが、「自分の魂に聞くと、自分に都合のいい答えしか来ないので私は会話できませんでした」という人が何人もいました。都合のいい答えだと何か不都合でもあるのですか？と聞くと、「ないです」と言うのですが、人に言われた不都合のほうを信じてしまうのです。これは、子供のときから親や先生の言う通りにすればいいと洗脳されているせいではないでしょうか。
自分らしさを発揮すると怒られるというのがしみついていて、自分がないから、他人に「いい子だ」とほめられるのがうれしいのでしょう。

親や先生の言う通りにするとほめられる、そういう報酬系の神経回路を小さいうちから断続的に発火させていくと、報酬としてドーパミンが出ます。その中毒性はものすごく強力で、要はそこに依存しているのです。

そのように、人の言いなりになる人が大量に生きていて、しかもぬるま湯的なものをみんなが好んでいます。

幸せになると、いつまで続くか不安になったり、人にやっかまれるのではないかとか心配して、妬まれないように不幸せを演じていると、それがクセになって本当に不幸せになります。みんなが報酬系を生きているので、人に批判されることを嫌うのです。

思いきり不幸だと、それもまた疫病神のように思われて嫌われるので、そこそこ不幸で、ぬるま湯的な人生を演じているのが安心できるのです。でも、不幸を演じていると本当に不幸になってしまいますよ。

病院でのお年寄りの病気自慢や、苦労自慢もそうです。あれも面白い光景ですね。「私のほうがもっとひどい」とか張り合っているのです。人の苦労は他人も聞きたがります。でも、そういうことで病院でスターになるのも寂しいものです。

そこそこのマイナスをよしとしてしまうのは、本来の感覚が鈍っている証拠ともいえます。

今が楽しく、快適ですか？

心地よく瞑想しようとしても、「今」にいることができないと、どうしても心地よい瞑想にはなりません。でも、「今にいよう」とか「うまく瞑想しよう」と思っても難しいので、「心地よく、気持ちよくしよう」と考えるのがコツです。

呼吸法などをする人も、「深くしなければ」とか思ってしまうと、とたんに緊張してしまいます。頑張ると胸式呼吸になってしまうので、自分にとって心地よいと感じられる呼吸法をすればいいのです。

「今、気持ちいいかな？」と自分に問いかけてあげるのがコツです。

子育てで忙しく、パートタイマーなどもしているお母さんたちに、私はよく次のような話をします。

「家事も仕事も子育ても放棄するわけにいかないので、お母さんたちには逃れる場所がないですよね。でも、今本当に自分がこれをしたいかしたくないかを、やりながらでいいから考える必要はあると思います。

本当は作りたくないと思いながら、イヤイヤ作るごはんは必ずまずくなります。

それが当たり前になってしまうと子供にもよくないですよね。ですから、今日は私は本当に疲れていてごはんを作りたくないと思ったら、『ごめんね、今日は店屋物にするね』と言ってしまえばいいのです。

義務としてやらなければならないと思わずに、子供が小さいうちから「親もひとりの人間なんだ、人としてのスペースをお互いに守り合わなければいけない」という教育をやっていくといいと思います」

私は、自分の3人の子供を育てるときにこんなことをしていました。

「お母さんの営業時間は夜8時まで」と決めて、そう宣言したのです。子供たちは最初は何のことかわからなかったようですが、お風呂に入れて歯磨きもさせて、子供がいつでも寝られる状態にして、その時間になると、営業時間の終了を知らせるために「蛍の光」を歌って、子供を自分の部屋に入れ、自分も部屋に入りました。

そうすると、子供は解放感いっぱいになって、やりたい放題でした。朝起きると冷蔵庫のドアが全開になっていたり、しまってあったジュースが全部飲み干されていたこともありました。

それでもめげずに続けると、子供たちもだんだんわかってきます。

ジュースの飲みすぎはお腹をこわすとか、お母さんがいつも「これをやってはいけない」と言っていたのは、やったら痛い思いをするからなんだなとか、子供なりに理解して、それぞれ落ち着いていきました。

寝てしまう子は寝てしまうし、起きている子は勝手に静かにお絵描きしたりして、時間を過ごすようになります。下の子は普段は兄に貸してもらえないおもちゃで思う存分遊んだりと、それぞれが自由な時間を楽しんでいたようです。

子供は、疲れていれば、起きていろと言っても絶対に寝ます。寝かしつけは親にとってもすごくストレスになりますし、必要ないのではと思います。

誰かがお腹が痛いときや、ケガしたときなどは「お母さん」が復活しますが、それ以外は「どうぞご自由に」でした。

もちろん最初は忍耐が必要です。

ある朝起きたら、床一面が米だらけになっていたこともありました。子供たちが米びつのバーを押して中身を全部ザーッと出し、それをお玉ですくってふりまいたり、やりたい放題楽しんだ後だったのです。

そんな状態ではお弁当を作るどころではないので、「全員今日は休み！　一緒にこれを片づける！」と号令をかけて、みんなで片づけました。

そんなふうにフレキシブルに対応して、母親と子供、お互いの人としての領域を意識させる生活を続けた結果、みんな枠にはまらない、とんでもない子になりました。でも、自分で人生を考える子になりました。私自身も、親の義務としてイヤイヤ何かをすることはなく、楽しみながら子育てができたと思います。

「今、私は気持ちいいか」

「今、本当にこれがしたいか」

あなたも、これを自分に問いかけながら生きることを習慣にしてください。

池川まとめ

本当に幸せに生きるためには、まず意識を変えて、物質的価値観から解放されることが必要だというサアラさんの言葉にはまったく同感です。

どんな状況であっても、自分が幸せと思えば幸せ。

そこに気づけるかどうかなのでしょう。

もし自分の幸せがわからなくなっているなら、感情のコントロールに努め、魂にアクセスしやすい意識状態を作り出すことから始めるといいようです。

それに役立つもののひとつとして、瞑想が挙げられています。

サアラさんの的を射た解説で、魂のありようと瞑想の関係がよく理解できました。

瞑想については、FOTTO TVの番組でより詳しく語られていますので、興味のある方はそちらも視聴していただくといいでしょう。

瞑想については、FOTTO TVのサアラチャンネル（有料）で。
http://www.fottotv.com/saarahate-learning

サアラさんと池川先生のトーク動画は、無料でご覧になれます。
http://www.fottotv.com/ikegawa-saarahat-secret-talk

おわりに　今ここに生きる霊的な意味

池川先生とお目にかかったのは、ＦＯＴＴＯ ＴＶの番組を、お互いにもたせていただいているご縁でした。始めて先生とお会いした折に、同席させていただいた私の夫の「先生の明確なご質問は素晴らしい」「同じ疑問をもっていても、知るチャンスがない人が、世の中にはたくさんいるはずだ」という発言から今回の出版に至りました。

実はその夫は、九月一日に他界いたしました。今月の出来事です。あまりにあっという間の出来事で、私は今でも冗談かと思ってしまうくらいです。

思えば、もともと私がＦＯＴＴＯ ＴＶさんと出会ったのも主人の紹介でした。私の死生観はこの本をお読みいただいて、少しご理解いただけたかと思います。そのような私に取りましても、主人の死にはやはり耐えがたい寂しさを感じ、涙が出ない日はありません。特に私達は、毎日ほぼ24時間に近いほど一緒におりましたから、生前には、彼のいない人生も、現実も、想像することができませんでした。

しかし一方では、彼自身にとってもはもちろんのこと、私にとってさえも、彼の魂の「死」という選択は完璧なものであったと理解しています。私にこのことが理解でき、納得が行くまで、彼は旅立つのを待っていてくれました。

私がなぜ彼の死に納得できたのか、与えていただいた紙面の中で、全てを語ることはできませんが、この本が出版されるタイミングも完璧でしたね。この本の編集をしてくださった佐藤様もそこには同意してくださることでしょう。

彼の魂は、大胆に「死」という選択をするということで最大の表現をしたかったのです。そして、「死」は、誰にとっても新たなチャンスを選択することであり、また、魂が一つの旅を終えて、還るべき世界に戻ることを許された祝福すべきことです。

夫は、魂の意図をくみ取り、人としての自分の力を出し切るために、どんなに辛くても病院に行くことを拒みました。そんな夫と私は、八月六日の夜、不思議に神聖な空気が部屋を包み込む中、お互いにとって最も神聖な決断をしました。明日の朝までに奇蹟が起きなければ、病院に行こう。苦しむ夫にとっても、一瞬たりとも目を離せずに看病をする私にとっても、ここが限界だと明確に回答が出たからです。翌日の朝、救急車で病院に搬送されそのまま集中治療室に入りました。

八月二十九日、彼の意識は既に肉体を離れていました。突然お香の臭いがして、マントラが聞こえ始め、私は、彼がこの次元にはない「ヒマラヤ僧院」と呼ばれる世界にいることに気づきました。これはイレギュラーなルートですが、彼のとてつもなく古いマスターソウルを思えば、当然かもしれません。僧院では通常アストラル界のリハビリセンターで行われるようなことを別の形で受けていました。

そして三日後に亡くなりましたが、今でも私は彼とコンタクトすることができます。亡くなって三日目、「幽界を通ったの？」と聞くと、「通らないよ。意外と簡単にこっちに来れた。あなたのおかげだ」、さらに「見送る側に随分ウエイトがかかることだよ」と。彼曰く、見送る側が引き留めないこと、そして愛情深く祝福して、亡くなっていく方の魂の選択に、全てを委ねることが大切だと教えてくれました。

そしてもう一つ、旅立つ人の行く手を阻まないためにも、残された人達が力強く生きていくためにも、全ての魂は、ここに潜在する可能性の一部を担って、自由な経験を許されていることを受け入れることも重要です。人としては、どんなに無念でも、若い死であったとしても、別れ難い相手であったとしても、魂にとっては深い意味があり、明確な選択の結果なのだと理解し、受け入れようとすることで未来は変わるのです。

私は、夫の死によって絆が深まり、未来の可能性が大きく広がったことに気づきました。彼は私に「予想外の可能性」という素晴らしい財産を遺してくれたのです。人はいつか必ずここから旅立ちます。だからこそ、ここに生きることの霊的意味を理解する事が大切なのではないでしょうか。

この本を通して出会うことができた皆さんに、心から感謝すると共に、皆さんの人生に素晴らしい可能性が展開することを心からお祈りします。

Saarahat

二〇一七年九月二十八日

「あの世《よ》」の本当《ほんとう》のしくみ

人はどこからやってきて、どこに還るのか？

2017年10月31日　初版発行

著　者……サアラ
池川《いけがわ》 明《あきら》

発行者……大和謙二

発行所……株式会社大和出版

東京都文京区音羽1-26-11　〒112-0013
電話　営業部03-5978-8121／編集部03-5978-8131
http://www.daiwashuppan.com

印刷所……誠宏印刷株式会社

製本所……ナショナル製本協同組合

装幀者……斉藤よしのぶ

ISBN978-4-8047-6285-2